공부가 되는
논어 이야기

〈공부가 되는〉 시리즈 ⓲

**공부가 되는
논어 이야기**

초판 1쇄 발행 2011년 11월 7일
초판 7쇄 발행 2017년 8월 18일

지음 공자
엮음 글공작소

책임편집 주리아
책임디자인 김수원

펴낸이 이상순
주　간 서인찬
편집장 박윤주
기획편집 한나비, 김한솔
디자인 유영준, 이민정
마케팅 홍보 이상광, 이병구, 김수현, 오은애

펴낸곳 (주)도서출판 아름다운사람들
주소 (413-756) 경기도 파주시 회동길 103
대표전화 (031)955-1001 **팩스** (031)955-1083
이메일 books777@naver.com
홈페이지 www.books114.net

ⓒ2011, 글공작소
ISBN 978-89-6513-120-5　63150

파본은 구입하신 서점에서 교환해 드립니다.
이 책은 저작권법에 의하여 보호를 받는 저작물이므로 무단 전재와 복제를 금합니다.

공부가 되는
논어 이야기

지음 공자 | **엮음** 글공작소 | **추천** 정명순 (대송초등학교 교사)

아름다운사람들

공부가 되는 논어 이야기

제1편 학이(學而) • 09

제2편 위정(爲政) • 27

제3편 팔일(八佾) • 47

제4편 이인(里仁) • 57

제5편 공야장(公冶長) • 81

제6편 옹야(雍也) • 87

제7편 술이(述而) • 95

제8편 태백(泰伯) • 105

제9편 자한(子罕) • 111

제10편 향당(鄕黨) • 119

제11편 선진(先進) • 125

제12편 안연(顔淵) • 139

제13편 자로(子路) • 157

제14편 헌문(憲問) • 175

제15편 위령공(衛靈公) • 185

제16편 계씨(季氏) • 203

제17편 양화(陽貨) • 211

제18편 미자(微子) • 217

제19편 자장(子張) • 223

제20편 요왈(堯曰) • 229

아이들이 『공부가 되는 논어 이야기』를 읽으면 좋은 이유

1 CEO들이 가장 많이 보는 책, 『논어』

"가장 힘들고 어려울 때 펼치는 책이 『논어』이다."
얼마 전 신문 보도에 따르면 우리나라뿐 아니라 일본이나 중국 등 사회의 성공한 사람들이 반드시 옆에 한 권씩 끼고 있는 책은 『논어』라고 보도되었습니다. 그만큼 『논어』 속에는 서양의 다른 책에서 볼 수 없는 사색과 지혜 그리고 리더십을 길러 주는 가르침이 있기 때문입니다. 즉, 『논어』는 힘들고 어려움이 닥쳤을 때 마치 방향을 알려 주는 나침반 같은 역할을 할 수 있는 책입니다.

2 지혜와 인성을 길러 주는 동양 고전

『논어』는 2,500여 년 전 공자의 가르침을 전하는 동양 고전입니다. 『논어』가 이렇게 오랜 세월 동안 시대를 초월하여 사랑받는 필독서로 꼽히는 이유는 바로 세월이 지나도 변치 않는 보편적 진리와 가치를 담고 있기 때문입니다. 중국 송나라의 조보라는 사람은 "『논어』를 절반만 읽어도 천하를 통치할 수 있다"고 말했습니다. 『논어』는 나라를 다스리는 반석으로 삼을 만큼의 지혜와 가르침을 준다는 것입니다. 이렇듯 『논어』를 읽는다는 것은 자신을 움직이는 지혜와 인성을 기를 수 있는 좋은 기회를 갖게 해 줍니다.

3 쉽게 읽을 수 있는 이야기가 담겨 있는 『논어』

『논어』는 공자의 말씀을 중심으로 삶의 교훈이 되는 내용들이 많이 담겨 있지만 한문으로 되어 있어 읽기에 쉽지 않은 점도 있습니다. 하지만 이 책에서는 쉽고 재미있게 읽을 수 있도록 『논어』에 얽혀 있는 뒷이야기를 함께 실었습니다. 그래서 다른 어떤 책보다 친근하고 재미있게 느껴질 것입니다. 또한 자연스럽게 그 안에 담긴 내용을 훨씬 오래 기억할 수 있는 효과를 얻을 수 있습니다. 재미있는 이야기를 통해 그동안 멀게만 느껴졌던 『논어』에 한걸음 다가갈 수 있는 계기가 될 것입니다.

4 공부의 즐거움을 깨치는 〈공부가 되는〉 시리즈

〈공부가 되는〉 시리즈는 공부라면 지겹게만 여기는 우리 아이들에게 "아, 공부가 이렇게 즐거운 것이구나!" 하는 것을 깨쳐 주면서 아울러 궁금한 것이 많은 우리 아이들의 지적 호기심도 동시에 해결해 주는 시리즈입니다. 공부의 맛과 재미는 탄탄한 기초 교양의 주춧돌 위에 세워질 때 그 효과가 배가됩니다. 그리고 그 기초 교양은 우리 아이들이 학습에서 자기 주도적 능력을 내는 데 큰 밑거름이 됩니다. 『공부가 되는 논어 이야기』는 재밌는 이야기를 곁들여 중국 역사와 공자의 말씀을 쉽게 접할 수 있도록 만들었습니다. 우리 아이들이 『공부가 되는 논어 이야기』를 통하여 한자 실력을 키우는 것은 물론, 옛 성인들의 가르침에 숨겨진 깊은 뜻을 깨치길 바랍니다.

배움의 즐거움

공자께서 말씀하시기를,

배우고 때때로 익히면 또한 기쁘지 아니한가,

벗이 있어 먼 곳에서 찾아오면 또한 즐겁지 아니한가,

남이 나를 알아주지 않더라도 노여워하지 않으면

또한 군자답지 아니한가.

子曰,
(자 왈)

學而時習之 不亦說乎,
(학 이 시 습 지 불 역 열 호)

有朋自遠方來 不亦樂乎,
(유 붕 자 원 방 래 불 역 락 호)

人不知而不慍 不亦君子乎.
(인 부 지 이 불 온 불 역 군 자 호)

 ### 묵묵히 배움을 즐긴 제갈량

제갈량은 10년이 넘는 긴 세월 동안 초가집에서 천문과 역사, 지리 등 고른 분야에 걸쳐 많은 책을 읽으며 공부를 게을리하지

않았어요. 하지만 아무리 많은 책을 읽어도 이해할 수 없는 도리나 이치가 있어 괴로워했어요.

어느 날이었어요. 사마휘가 제갈량을 찾아오자 제갈량은 고민을 털어놓았어요.

그러자 사마휘가 웃으며 대답했어요.

"아무리 좋은 재능을 가졌어도 스승의 가르침은 필요한 법이네. 방통은 언제나 자네를 다듬어지지 않은 보석에 비유했었지. 이제 자네의 재능을 닦아 줄 스승을 만날 때가 온 듯하군."

사마휘는 제갈량에게 해남 영산에 있는 풍구라는 인물을 소개해 주었어요.

제갈량은 풍구 밑에서 하루 종일 물을 긷거나 마당을 쓰는 일만 했어요. 하지만 제갈량은 불평하는 기색 하나 없이 묵묵히 풍구가 시키는 일을 하며 시간이 나는 대로 틈틈이 책을 읽었어요.

1년 후, 풍구는 꾸준히 책을 읽으며 시키는 일을 마다하지 않는 제갈량의 모습을 보고 감탄했어요. 풍구는 그제야 제갈량에게 『삼재비록』, 『병법진도』, 『고허상왕』을 건네주며 말했어요.

"이제 일은 그만두고 이 세 권을 읽어라. 그 뒤에 이 책에 대해 이야기하자꾸나."

제갈량은 기뻐하며 방으로 들어가 열심히 책을 읽었어요. 밥 먹고 물 마시는 시간까지 아껴 가며 밤낮으로 책 읽기에만 몰두했어요. 그리고 이해가 되지 않는 부분이 있으면 여러 번 반복해서 읽었어요.

　그렇게 100여 일이 지난 후, 책 읽기를 모두 마친 제갈량은 책 속의 뜻을 모두 깨우칠 수 있었고 자신의 의견도 스스럼없이 내세우며 풍구와 깊은 이야기를 나눌 수 있었어요.

　풍구는 만족스러운 미소를 지으며 말했어요.

　"이제 더 이상 나에게서 배울 것이 없다."

　풍구의 밑을 떠나 다시 돌아온 제갈량은 그 뒤로 방통을 포함해 친한 벗들과 함께 자신이 배우고 깨우친 것들에 대해 이야기를 나눴어요. 그때부터 사람들은 제갈량을 '누워 있는 용'이란 뜻으로 초야에 묻혀 있는 큰 인물을 가리키는 '와룡'이라고 부르기 시작했어요.

공자 (B.C. 551 ~ B.C. 479) 공자는 춘추 시대 말기의 노나라 사람으로 중국의 산둥 성에서 태어났어요. 본명은 공구이고 공자에서 '자'는 높임말로 선생이라는 뜻을 담고 있어요. 당시 춘추 시대는 아주 혼란스러운 시기라 중국은 여러 나라로 갈라져 있었어요. 당시 공자는 태어난 노나라뿐만 아니라 여러 나라를 두루 돌아다니면서 인(仁)을 정치와 윤리의 이상으로 하여 덕(德)으로 다스리는 정치를 강조했지만 생전에는 뜻을 이루지 못했어요. 나중에 고향으로 돌아와 교육에 전념하여 3,000여 명의 제자를 길러 내었어요.

표리부동하지 않기

공자께서 말씀하시기를,

말을 교묘하게 하고 아첨하는 얼굴빛을 한 채

인하는 사람은 드물다.

子曰,
巧言令色 鮮矣仁.

표리부동 마음이 음흉하고 불량하여 겉과 속이 다른 것을 말해요.
교언영색 남에게 잘 보이기 위해 교묘히 꾸며서 하는 말과 알랑거리며 아첨하는 모습을 말해요.

학이

하루에 반성할 세 가지

증자가 말하기를,

나는 날마다 나 자신에 대해 다음 세 가지를 반성한다.

남을 위해 의견을 말하면서 진심을 다하지 못한 점은 없었던가,

벗들과 사귀면서 신의를 다하지 못한 점은 없었던가,

배운 것을 제대로 익히지 못한 것은 없었던가.

曾子曰, 吾日三省吾身,
(증자왈) (오일삼성오신)

爲人謀而不忠乎,
(위인모이불충호)

與朋友交而不信乎,
(여붕우교이불신호)

傳不習乎.
(전불습호)

 **마지막까지 자신을 돌아본 증자**

증자는 도덕적인 마음가짐을 닦는 것을 굉장히 중요하게 여겨 매일매일 자기 자신을 되돌아보며 반성했어요.

어느 날, 증자가 큰 병으로 죽음이 가까워져 올 무렵이었어요. 앓아누운 증자의 침상 곁에는 제자인 악정자춘과 두 아들 증원, 증신이 슬픈 얼굴로 앉아 있었어요. 이때 방 안쪽에서 촛불을 들고 있던 어린 종이 문득 이렇게 말했어요.

"나리, 나리가 지금 침상 밑에 깔고 계신 대자리 무늬가 참 화려하고 멋있습니다. 큰 부자들이나 사용할 수 있는 대자리이지요?"

그러자 악정자춘이 어린 종을 나무라며 말했어요.

"지금 때가 어느 때인데 그런 말을 하느냐?"

하지만 어린 종이 다시 물었어요.

"대자리가 참으로 멋있고 훌륭합니다. 나리, 부자들이 쓰는 대자리가 맞지요?"

이 말을 듣고 증자가 탄식하며 힘없이 대답했어요.

"그렇단다. 선물 받았던 대자리를 내가 아직 바꾸지 못했구나. 증원아, 이리 와서 대자리를 바꾸어라."

그러자 아들 증원이 걱정스럽다는 듯 말했어요.

"아버님, 병이 위독하시니 움직이시면 안 됩니다. 내일 아침에 바꿀 터이니 지금은 부디 그냥 누워 계십시오."

이에 증자가 한숨을 쉬며 말했어요.

"네가 나를 사랑하는 마음이 저 어린 종보다도 못하구나. 군자는 덕으로 사랑하기에 오래가고 소인은 눈앞의 이익을 두고 사랑하기 때문에 오래가지 않는 법이다. 지금 내가 원하는 것이 무엇이겠느냐? 나는 마땅히 지켜야 할 예를 갖춘 뒤 죽고 싶구나."

그러자 하는 수 없이 증자의 제자와 아들들은 증자를 부축하여 일으켜 세운 뒤 검소하고 수수한 대자리로 바꾸어 깔았어요. 그러나 증자는 새로 깐 대자리에 누워 보지도 못하고 숨을 거두고 말았어요.

이렇듯 증자는 죽기 직전까지도 자기반성을 하는 인물이었어요.

중국의 5대 성인, 증자 (B.C. 506 ~ B.C. 436) 중국 춘추 시대의 유학자로 공자의 도(道)를 이어받았어요. 그의 가르침은 공자의 손자인 자사를 거쳐 맹자에게 전해져 유교 사상에서 중요한 역할을 했어요. 증자는 중국의 5대 성인 중 한 사람이에요. 중국의 5대 성인에는 공자, 안자, 증자, 자사, 맹자가 있어요.

젊은이의 도리

공자께서 말씀하시기를,

젊은이들은 집에 들어가면 부모에게 효도하고,

밖에 나오면 말과 행동에 신중을 기울여 남에게 믿음을 주고,

사람을 널리 사랑하되 특히 어진 사람을 가까이해야 하고,

그러고도 남음이 있으면 힘써 글을 배워야 한다.

子曰,

弟子入則孝,

出則弟 謹而信,

汎愛衆 而親仁,

行有餘力 則以學文.

군자의 자세와 태도

공자께서 말씀하시기를,

군자는 신중하지 않으면 위엄이 없어서 학문도 견고하지 않게 된다.

충성과 신의를 중요시하고 자기보다 못한 이를 벗으로 삼지 말며,

자신의 잘못이 있으면 고치기를 주저하지 않아야 한다.

_자 _왈
子曰,

_군 _자 _부 _중 _즉 _불 _위　_학 _즉 _불 _고
君子不重則不威　學則不固.

_주 _충 _신　_무 _우 _불 _여 _기 _자
主忠信　無友不如己者,

_과 _즉 _물 _탄 _개
過則勿憚改.

자신의 잘못을 모르는 계환자

공자가 노나라에서 형벌과 경찰의 일을 맡아보던 벼슬인 사구의 자리에 있을 때였어요. 제나라에서 미녀 80명과 빠르고 훌륭한 말 124필을 노나라 왕에게 선물로 보내왔어요. 노나라의 권력을 잡고

있는 계환자를 정치와 멀어지게 하고 제나라에 대한 경계를 느슨하게 만들기 위해서였어요. 하지만 계환자는 그 까닭을 알지 못하고 제나라가 보내온 선물을 구경하느라 정신이 없었어요.

이 소식을 듣게 된 공자의 제자인 자로가 말했어요.

"스승님, 뇌물에 정신이 팔린 이 나라는 더 이상 있을 곳이 못됩니다. 이제 이곳을 떠날 때가 된 것 같습니다."

그러자 공자가 말했어요.

"곧 나라에서 여는 제사가 시작될 것이다. 그 제사가 끝난 후, 예법에 따라서 제사상에 올린 고기들을 신하들에게 공평하게 나눠 준다면 난 이곳에 계속 남을 것이다."

공자는 계환자에게 희망을 걸었지만 실망하고 말았어요. 계환자는 제나라에서 보내온 미녀들에게 빠져 나라를 돌보지 않았어요. 게다가 제사가 끝난 뒤 예법에 따라 고기를 나눠 주기는커녕 몽땅 자신이 차지하느라 급급했어요. 이 모습을 본 공자는 망설임 없이 노나라의 벼슬을 그만두고 떠났어요.

세계 4대 성인, 공자 공자는 인류 역사를 통틀어 가장 훌륭한 4대 성인 중 한 사람에 속해요. 성인이란 지혜와 덕이 매우 뛰어나 길이 우러러 본받을 만한 인물을 말하는데 4대 성인은 예수, 석가모니, 소크라테스 그리고 나머지 한 명이 공자예요. 예수는 그리스도교의 창시자이고 소크라테스는 고대 그리스 철학을 대표하는 인물이에요. 그리고 석가모니는 불교를 창시한 인물이고 공자는 유교를 창시한 인물이에요. 소크라테스를 빼고 이슬람의 창시자 마호메트를 세계 4대 성인으로 일컫는 경우도 있어요.

약속과 예의의 관계

 유자가 말하기를,
약속이 의에 가까우면 그 말을 실천할 수 있고,
공손함이 예에 가까우면 부끄러움과 욕됨을 멀리할 수 있고,
부탁하여도 그 친한 관계를 잃지 않을 수 있다면
또한 으뜸이라 할 수 있다.

有子曰,
信近於義 言可復也,
恭近於禮 遠恥辱也,
因不失其親 亦可宗也.

 **본 대로 배우는 약속과 신의**

증자의 아내가 장을 보기 위해 집을 나설 때였어요. 증자의 어린 아들이 자신도 시장에 가고 싶다고 울며 떼를 쓰는 것이었어요. 아

무리 안 된다고 해도 말을 듣지 않자 곤란해진 증자의 아내는 우선 아들을 달래기 위해 말했어요.

"애야, 울지 말거라. 장에 다녀오면 돼지를 잡아서 볶아 줄 테니 얌전히 기다리렴."

맛있는 돼지고기를 먹을 생각에 아이는 울음을 뚝 그치고 집에서 기다리기로 했어요.

잠시 후, 장을 보고 돌아온 증자의 아내는 집 마당에서 증자가 돼지를 잡기 위해 칼을 갈고 있는 모습을 보고 놀라서 말했어요.

"아니, 어찌 정말로 돼지를 잡으려고 하십니까? 아까는 그저 아이를 달래려고 했던 말이었습니다."

그러자 증자가 대답했어요.

"한 번 내뱉은 말은 꼭 지켜야 하는 것이오. 특히나 아이에게 허풍을 떨어서는 안 되오. 아이는 아직 어려서 아무것도 모르기 때문에 부모가 하는 행동과 말투 등을 전부 따라하게 되어 있소. 그런데 벌써부터 거짓말을 가르치려 하는 것이오? 앞으로 더 올바르게 가르치기 위해서라도 당신이 한 말대로 돼지를 잡아야겠소."

그제야 아내는 자신이 한 말을 후회했어요. 하지만 이미 아들에게 돼지를 잡아 주겠다고 했기 때문에 다른 방법이 없었어요.

결국 증자의 아내는 돼지를 잡아 증자와 아들에게 푸짐한 저녁을 차려 주었어요. 아들은 말한 대로 약속을 지킨 부모님을 신뢰가 가득 담긴 눈으로 바라보며 맛있게 돼지고기를 먹었어요.

어느 날 밤, 아들이 막 잠자리에 누웠는데 별안간 아들이 벌떡 일어나 대나무로 엮어 만든 책을 들고 집을 나서려고 하는 것이었어요.

증자가 이상하게 여기며 아들을 불러 물었어요.

"아니, 애야. 이 밤중에 어딜 가려고 하느냐?"

그러자 아들이 조급한 목소리로 대답했어요.

"실은 이 책을 친구에게 빌려 오늘까지 돌려주겠다고 했습니다. 그런데 시간을 어기면 제가 얼마나 의리 없는 인간이 되겠습니까? 그러니 친구 집에 돌려주고 오겠습니다."

아들의 말을 듣고 증자는 흡족해하며 외출을 허락했어요.

유자 (B.C. 518 ~ B.C. ?) 공자의 제자로 본명은 유약이고 공자보다 나이가 43세나 아래인 노나라 사람이에요. 공자의 다른 제자들은 『논어』에서 대부분 본명으로 나오는데 유독 유자와 또 한 사람 증자만이 본명이 아닌 유자와 증자로 나와요. 유자와 증자의 '자'는 스승을 높여 부를 때 쓰는 호칭이에요. 그래서 후세 사람들은 『논어』를 유자와 증자의 제자들이 편찬한 것이기 때문에 두 사람에게만 '자'라는 존칭을 쓰고 있다고 여기고 있어요.

군자가 바라는 것

공자께서 말씀하시기를,

군자는 배부르게 먹는 것을 바라지 않고,

편안하게 지내는 것을 구하지 않으며,

모든 일에 민첩하고 말에 신중을 기울이며,

도를 아는 사람에게 잘못을 물어 자신을 바로잡아야만

학문을 좋아한다고 할 수 있느니라.

子曰,

君子食無求飽,

居無求安,

敏於事而愼於言,

就有道而正焉 可謂好學也已.

내 눈의 티끌 보기

공자께서 말씀하시기를,
남이 나를 알아주지 못함을 탓하지 말고,
내가 남을 제대로 알지 못함을 탓해야 한다.

子曰,
不患人之不己知,
患不知人也.

때를 기다린 공자

공자의 제자들 가운데 유일하게 상인 출신의 제자가 있었어요. 그의 이름은 자공으로 장사를 크게 한 덕분에 집안은 넉넉했고 두뇌 회전도 빨랐으며 이해력도 뛰어나서 도리를 잘 깨우쳤던 인물이었어요.

공자가 쉰여섯 살이 되던 해, 여러 나라를 돌아다니며 자신의 주장을 전파하기 시작할 때부터 자공은 공자를 따라다녔어요. 자공은 공자와 함께 많은 어려움을 이겨 내며 고생을 함께했던 각별한 스승과 제자 사이였어요.

어느 날, 아름다운 옥을 하나 얻게 된 자공이 공자를 찾아가 물었어요.

"스승님, 제가 귀중한 옥을 하나 얻게 되었는데 이러한 것은 상자에 넣어 잘 보관해야 합니까, 아니면 좋은 가격에 팔아야 합니까?"

자공의 물음에 공자는 웃으며 대답했어요.

"당연히 팔아야 하지 않겠느냐? 나는 좋은 값을 쳐줄 상인을 기다릴 것이다."

얼핏 들으면 옥에 대한 이야기이지만 실은 다른 뜻이 숨겨져 있었어요. 자공이 정말로 묻고자 한 내용은 다음과 같았어요.

"스승님은 재능이 출중하시면서 그 재능을 감추고 평생 사실 겁니까, 때가 온다면 세상에 나가 재능을 펼치실 겁니까?"

자공이 진귀한 옥을 스승인 공자에 비유해 그렇게 묻자 자공의 속뜻을 눈치챈 공자는 자신도 비유를 섞어 '좋은 값을 쳐줄 상인을 기다릴 것이다'라고 대답했어요. 즉, 자신의 재능을 알아주는 사람이 나타나면 그때 세상에 나가 재능을 펼쳐 보이겠다고 대답한 것이지요.

사실 공자는 자신의 재능을 펼쳐 보이고 싶어 했어요. 하지만 여러 나라를 돌아다녀도 자신의 뜻을 알아주는 이가 없어 힘든 삶을 살아야만 했어요.

훗날, 공자는 죽음을 앞두고 있을 때 늦게야 허겁지겁 찾아온 자공을 보고 원망 섞인 목소리로 이렇게 말했어요.

"자공아, 왜 이제야 오는 게냐?"

자신이 특별히 아끼던 제자에 대한 정이 묻어나는 말이었어요. 실제로 공자가 죽고 난 뒤에도 삼년상을 치른 다른 제자들과 달리 자공은 공자 묘의 곁을 6년이나 지키며 공자를 그리워했어요.

동양의 3대 사상, 유교 유교는 불교, 도교와 더불어 동양의 3대 사상이라고 해요. 석가모니가 창시한 불교는 절대적 사랑을 말하는 자비가 중심이 되는 사상으로 인도에서 발생했어요. 그리고 도교는 유교와 마찬가지로 중국의 춘추 전국 시대에 창시되었어요. 도교는 모든 사람이 자연으로 돌아갈 것을 주장하며 노자와 장자라는 사람에 의해 만들어졌기에 노장 사상이라고도 해요.

진짜 정치

공자께서 말씀하시기를,
덕으로써 정치를 하는 것은
다스리는 자가 마치 북극성처럼 제자리에 가만히 있어도,
백성들이 여러 별처럼 그것을 향해 돌고 있는 것과 마찬가지니라.

子曰,
爲政以德 譬如北辰,
居其所而衆星共之.

 뿌린 대로 거둔 목공

춘추 시대, 진나라의 목공이 아끼던 말을 마을 사람 300명이 잡아먹은 사건이 일어났어요. 관리들은 그들을 잡아다 벌을 내려야 한다고 목소리를 높였어요.

그러자 목공이 가만히 고개를 저으며 말했어요.

"어찌 가축 한 마리와 백성 300명의 가치를 저울질할 수 있겠느냐? 가축 한 마리를 잃었다고 해서 300명의 백성을 다치게 할 수는 없다. 들자하니 말고기를 먹을 때 술을 마시지 않으면 몸에 좋지 않다고 하더구나. 그들에게 술을 나눠 준 뒤 풀어 주거라."

목공의 어진 마음씨 덕분에 마을 사람들은 무사히 풀려날 수 있었어요.

얼마 후, 목공은 전투를 벌이게 되었어요. 목공이 적에게 둘러싸여 죽기를 각오하고 싸우고 있는데 어디선가 이름 모를 사람들이 나타나 적을 하나둘 쓰러뜨리기 시작했어요. 그들은 목공의 말을 잡아먹었던 300명의 백성들이었어요. 백성들은 목공의 너그러운 마음씨에 보답하고자 전쟁터로 달려와 목숨을 걸고 열심히 싸웠고 목공은 그 덕분에 목숨을 구할 수 있었어요.

『논어』와 사서삼경 '사서삼경'은 여러 권의 유교 경전을 아울러 이르는 말이에요. '사서'는 『논어』, 『맹자』, 『대학』, 『중용』을 뜻하고 '삼경'은 『시경』과 『서경』, 『역경』을 가리켜요. 특히 이 중에서도 『논어』는 공자의 발언과 행적, 제자와의 문답 등을 기록하고 있어 유교의 뿌리가 되는 경전이라 일컬어져요.

사람의 나이에 맞는 도리

공자께서 말씀하시기를,

나는 15세에 학문에 뜻을 두었고,

30세에 모든 기초를 세웠으며,

40세에 사물의 이치에 대하여 의문나는 점이 없었고,

50세에는 천명(하늘의 뜻)을 알았고,

60세에 남의 말을 순조롭게 이해할 수 있었고,

70세에는 뜻대로 행하여도 법도에 어긋나지 않았느니라.

子曰, 吾十有五而志于學,

三十而立,

四十而不惑,

五十而知天命,

六十而耳順,

七十而從心所欲 不踰矩.

사람과 짐승의 차이

자유가 효에 대해서 묻자 공자께서 말씀하시기를,
지금의 효라는 것은 부모를 잘 봉양하는 것을 말하고 있는데,
심지어 개와 말 같은 짐승까지도 다 먹여 기르고 있으니,
공경하지 않으면 어찌 부모와 짐승을 구별할 수 있겠는가.

子游問孝 子曰,
今之孝者 是謂能養,
至於犬馬 皆能有養,
不敬 何以別乎.

 ### 삶도 모르는데 어찌 죽음을 알겠는가?

공자의 제자인 자로는 계로라고도 불렸어요. 춘추 시대 노나라 사람이었던 자로는 성격이 직설적이고 물불을 가리지 않았지만 효성이 지극했어요.

어린 시절, 자로의 집은 너무나 가난해서 끼니조차 제대로 잇기 어려웠어요. 하지만 자로는 자신은 굶는 한이 있더라도 부모님을 봉양하는 것을 게을리하지 않았어요. 언제나 산과 들을 돌아다니며 나물을 캐고 아무리 먼 길도 마다하지 않고 쌀을 구해 왔어요. 어려운 생활 속에서도 부모님을 극진히 모셨는데 부모님이 돌아가신 뒤에는 벼슬길에 올라 왕의 신임을 받고 높은 자리에까지 오르게 되었어요. 어찌나 왕의 신임을 받았던지 자로가 왕의 명령을 받아 초나라에 사신으로 갈 때는 왕이 보낸 곡식을 가득 실은 수레 백여 대가 자로의 뒤를 따를 정도였어요. 매일 비단옷을 입고 상다리가 부러질 정도로 좋은 음식을 대접받을 때마다 자로는 돌아가신 부모님 생각에 눈시울을 붉히며 탄식했어요.

"또다시 나물로 끼니를 때우고 백리 길을 걸어 부모님께 쌀밥을 올려 드리고 싶어도 이제는 안 계시니 다시는 그럴 수 없구나."

이 모습을 보고 공자는 자로를 칭찬하며 말했어요.

"자로 네가 부모 섬기기를, 살아 계실 때도 최선을 다해 봉양하고, 돌아가신 뒤에도 한시도 잊지 않고 그리워하는구나!"

어느 날, 자로가 스승인 공자에게 어떻게 돌아가신 분들의 혼을 섬겨야 하는지 물었어요. 그러자 공자는 돌아가신 부모님을 그리워하는 자로를 달래 주기 위해 이렇게 말했어요.

"살아 있는 사람도 제대로 섬기지 못하는데 어찌 죽은 이들을 섬길 수 있겠느냐?"

그러자 자로가 물었어요.

"스승님, 도대체 죽음이란 무엇입니까?"

그러자 공자가 대답했어요.

"아직 삶도 모르는데 어찌 죽음을 알겠느냐?"

유교와 유학 공자가 창시한 사상을 종교적으로는 '유교'라고 하고 학문적으로는 '유학'이라고 해요. 즉, 공자가 창시한 유교 사상은 인과 예를 근본이념으로 하여 집안과 나라를 다스리는 종교이자 학문이에요. 이런 유교의 이념을 잘 나타낸 경전으로 사서삼경이 있어요. 공자의 유교는 우리나라에도 전해져 오랜 시간 동안 많은 영향을 미쳤어요. 특히 조선 시대에는 유교를 나라의 통치 이념으로 삼아 유교의 이상을 국가적으로 실현하고자 했어요.

스승이 될 만한 자격

공자께서 말씀하시기를,

옛것을 익히고 새로운 것을 알면

능히 남의 스승이 될 수 있느니라.

子曰,
온고이지신 가이위사의
溫故而知新 可以爲師矣.

온고지신 '옛것을 알면 새것도 알게 된다'는 뜻이에요. 즉, 옛것을 제대로 익히고 이어받아야만 그것을 바탕으로 새로운 것을 창조할 수 있다는 것이지요. 옛것이라고 해서 무조건 버려야 할 것도 아니며, 새로운 것이라고 해서 옛것과는 완전히 다른 것도 아니에요. 전통을 잘 이어받아야만 새로운 문화를 익히며 창조할 수 있지요.

군자는 말보다 행동

자공이 군자에 대해서 묻자,
공자께서 말씀하시기를 말보다 먼저 행하고
그 다음에 말하느니라.

_{자 공 문 군 자}
子貢問君子,
_{자 왈   선 행 기 언   이 후 종 지}
子曰 先行其言 而後從之.

 군자란 어떤 사람인가?

공자는 상대방에 따라서 그 사람에게 맞은 방법으로 가르침을 주었어요.
어느 날, 공자의 제자 자공이 물었어요.
"스승님, 군자란 어떤 이를 말하는 것입니까?"
잠시 생각하던 공자가 대답했어요.
"군자는 먼저 행동으로 한 다음에 할 말을 하는 자이니라."
자공은 말 잘하기로 유명한 제자였지만 말에 비해 실천으로 옮기는 것이 부족했어요. 이런 자공의 단점을 충고하며 공자는 그렇게 말했던 거였어요. 공자의 뜻을 안 자공은 더 이상 할 말이 없어 입을 다물고 말았어요.

효에 대한 가르침도 마찬가지였어요. 제자들이 효에 대해 물으면 공자는 묻는 이들에 따라 대답을 달리했어요.

"부모님의 근심은 자식의 병이니 늘 건강으로 보답해 드려야 한다."

"좋은 음식과 좋은 의복을 대접한다 하더라도 공경하는 마음이 없으면 그것은 효가 아니다."

"항상 온화한 표정으로 부모님을 대하고 힘든 일은 자신이 앞서 부모님을 편안하게 해야 하고 늘 부모님의 기분이 어떠신지 잘 살펴 마음을 편하게 해 드려야 한다."

이렇듯 각 사람의 성격에 따라 그에게 맞는 방법으로 가르침을 주었어요.

그때, 노나라의 환공에서 갈린 왕족 사람들인 맹손(맹의자), 숙손, 계손이 있었어요. 이들을 삼환이라고 했는데 삼환의 세력은 왕보다도 커서 하늘 높은 줄 모르고 예법을 어기거나 멋대로 행동하는 경우가 많았어요.

어느 날, 맹손이 공자에게 물었어요.

"효도는 어떻게 하는 것입니까?"

그러자 공자가 바로 답했어요.

"어기는 일이 없는 것이 효도이다."

공자의 대답을 듣고도 맹손은 아무런 대꾸없이 머리만 조아리고 앉아 있었어요. 공자는 맹손이 자신의 말뜻을 제대로 알아듣지 못했다는 것을 느끼고 맹손과 헤어져 수레에 올랐어요.

공자는 자신의 제자인 번지에게 말했어요.

"맹손이 내게 효에 대해서 묻기에 '어기는 일이 없어야 한다'고 대답을 했다."

그러자 번지가 갸우뚱하며 물었어요.

"스승님, 그게 도대체 무슨 뜻입니까?"

"부모님이 살아 계실 때도 예절로 섬기고, 세상을 떠나도 예절로 장사를 지내고, 제사도 예절에 맞추어 지내야 한다는 뜻이었다."

그제야 번지는 무릎을 탁 치며 말했어요.

"과연! 스승님의 뜻은 예절을 어기지 말라는 말씀이셨군요."

맹손의 집안사람들이 너무 예절을 지키지 않았기에 공자가 따끔하게 충고한 것이었어요. 공자가 굳이 번지에게 말뜻을 알려 준 것은 자신의 말뜻을 제대로 이해하지 못한 맹손이 번지에게 자신이 한 말의 뜻을 물을 것이 뻔했기 때문이었어요.

학문의 조화

공자께서 말씀하시기를,

배우기만 하고 생각하지 않으면 오묘한 진리를 이해할 수 없고,

생각만 하고 배우지 않으면 독단에 빠져 위태로워지니라.

子曰,

學而不思則罔, 思而不學則殆.

인(仁) 사람을 사랑하고 어질게 행동하는 일로 공자가 주장한 유교의 도덕 또는 정치 이념이에요. 모든 덕의 기초로 인을 실천하면 이상적인 상태에 도달할 수 있다고 했어요.

백성의 마음을 얻는 방법

애공이 묻기를,
"어떻게 하면 백성의 마음까지 따르게 할 수 있습니까."
공자께서 대답하시기를,
"곧고 올바른 사람을 등용하여 곧지 않은 사람 위에 두면
백성은 마음까지 따르지만,
곧지 않은 사람을 등용하여 곧은 사람 위에 두면
백성이 진심으로 따르지 않느니라."

애공문왈, "하위즉민복."
哀公問曰, "何爲則民服."
공자대왈, "거직조저왕 즉민복,
孔子對曰, "擧直錯諸枉 則民服,
거왕착저직 즉민불복."
擧枉錯諸直 則民不服."

 **원칙으로 부하의 마음을 얻은 전양저**

춘추 시대 때, 진나라와 연나라가 힘을 합쳐 제나라를 공격했어요. 두 나라가 힘을 합쳐 공격해 오자 제나라는 힘도 제대로 못 쓰

고 계속해서 패하기만 했어요. 이때 제나라의 경공은 어떻게 하면 두 나라와의 전쟁에서 이길 수 있을까, 고민하고 있었어요.

그때, 제나라의 재상인 안영이 말했어요.

"신이 보기에 우선 가장 급한 것은 전쟁을 이끌 훌륭한 장군을 찾는 것인 듯하옵니다. 제가 아는 이 중에 문무를 고루 갖춘 전양저라는 이가 있사온데 그 인물을 써 보심은 어떠하십니까?"

"그대가 추천할 정도면 믿을 수 있지. 당장 불러오게."

이렇게 하여 경공은 전양저를 불러들여 적을 물리칠 계획을 물었어요. 안영이 말한 대로 전양저는 병법에 뛰어난 인물이었어요. 경공은 크게 기뻐하며 전양저를 최고 지휘자로 임명했어요.

그러자 전양저가 차분하게 입을 열었어요.

"저의 능력을 높이 평가해 주신 것은 감사하오나, 저는 출생이 천한 자입니다. 제가 장군이 된다고 해도 저의 천한 출신을 깔보며 제 명령을 듣지 않는 이들이 있을 것입니다. 그러하니 부디 대왕께서 가장 아끼시는 자를 감군(고대 황제가 군에 보낸 임시 관리)으로 임명하여 저와 함께 전쟁터로 갈 수 있도록 해 주십시오."

"그거야 어려울 것 없네."

경공은 가장 총애하는 신하인 장고를 감군으로 임명하여 전양저와 장고를 전쟁터로 향하게 했어요. 그래서 그 다음 날 두 사람은 군영 앞에서 만나기로 했어요.

다음 날 약속한 시간이 되자 전양저는 약속 장소로 향했어요. 하지만 아무리 기다려도 장고는 오지 않았어요. 전양저가 걱정했던 대로 왕의 신임을 받던 장고는 전양저를 우습게 보고 명령을 따르지 않았던 거예요. 게다가 장고는 평소에도 거만하기로 소문이 나 있었어요. 그래서 군에서 정한 규율도 하찮게 여기며 지키지 않을 때가 많았어요.

시간이 흘러 해가 중천에 떠도 장고가 오지 않자 전양저는 하는 수 없이 홀로 군대에 명령을 내리고 지휘했어요. 해가 질 무렵이 되어서야 장고가 느릿느릿한 걸음으로 태평스럽게 전양저의 앞에 나타났어요.

그 모습을 보고 전양저는 화가 치밀어 올랐지만 꾹 참고 입을 열었어요.

"그대가 이 군의 감군이라는 걸 잊었소? 어찌 군을 이끌어야 하는 자가 사소한 약속 하나 못 지킨단 말이오?"

그러자 장고가 별일 아니라는 듯 대충 대답했어요.

"아, 들어 보시오. 내가 감군이 되었다니까 그 말을 듣고 친척들과 친구들이 축하해 주러 오지 않았겠소? 술 한 병씩 가져온 성의를 내 무시할 수 없어 한 잔씩 마시다 보니 조금 늦게 되었소."

장고의 대답을 듣고 전양저는 어이가 없었어요. 전양저는 목소리를 높여 장고를 꾸짖었어요.

"군을 다스리는 사람은 자신의 사소한 일은 뒤로 미뤄 두고 전쟁의 승리를 최우선으로 생각해야 하오. 지금도 전쟁터에서 싸우고 있는 군사들은 제대로 자지도, 먹지도 못하고 적군과 싸우고 있소. 그런데 군대의 가장 앞에 서야 하는 자가 술독에 빠져 정신을 못 차리고 있다니, 용서할 수 없소!"

그러더니 전양저는 옆에 서 있던 사령관에게 물었어요.

"시간을 지키지 않은 자는 군법에 의하면 어떻게 처벌해야 하는가?"

"목을 베어 그 죄를 다스립니다!"

사령관의 말에 장고의 얼굴이 새하얗게 질렸어요. 설마 임금의 총애를 받는 자신의 목을 벨 거라곤 상상도 하지 못했기 때문이었어요.

한편, 장고가 군법을 어겨 죽임을 당할 것이라는 소문을 들은 경공은 깜짝 놀라 사자를 보내 전양저를 말리려고 했어요. 하지만 전양저는 경공의 사자가 도착하기 전에 장고를 참수에 처해 버렸어요. 그 후, 경공의 사자가 급히 말을 몰고 나타나 경공의 말을 전하자 전양저는 눈 하나 깜짝하지 않고 사자에게 말했어요.

"약속을 지키지 않았으니 아무리 신임받는 신하라도 군법에 의해 목을 베는 것이 마땅하오. 또한 군영 안에서 말을 달리는 것 역시 군법을 어긴 것이니 그대도 참수하는 것이 마땅하지만 그대는 왕명을 받고 그리한 것이니 목을 베는 것만큼은 면해 주겠소."

그러고는 전양저는 사자 대신 사자 하인의 목을 베고 사자가 타고 있던 말의 목을 베어 병사들에게 보여 주었어요.

왕의 사신은 물론, 왕이 신임하던 신하까지도 군법을 어겼다는 이유로 벌을 받자 그때부터 군사들은 감히 군법을 어길 생각은 하지도 않았어요. 이렇게 병사들이 전양저의 명령과 군법을 목숨을 걸고 지켜 제나라 군의 기세는 하늘을 찌를 듯 높아졌어요. 전양저의 훌륭한 지휘와 원칙을 철저하게 지키는 군사들 덕분에 얼마 지나지 않아 제나라는 연나라와 진나라의 연합군을 크게 무찌르고 잃어버렸던 땅을 되찾을 수 있었어요.

　　이 소식을 들은 경공은 크게 기뻐하며 전양저를 칭찬했어요.

공자가 살았던 춘추 전국 시대 '춘추 전국 시대'란 중국의 춘추 시대와 그다음의 전국 시대를 아울러 이르는 말이에요. 즉, 춘추 전국 시대는 기원전 8세기에서 기원전 3세기에 이르는 중국 고대의 역사를 이르는 말로, 먼저 춘추 시대는 중국 주나라가 동쪽으로 도읍을 옮긴 기원전 770년부터 기원전 403년까지 약 360년간의 전란 시대를 말해요. '춘추'란 말은 공자가 역사책인 『춘추』에서 이 시대의 일을 서술하며 붙인 이름이에요. 그리고 전국 시대는 춘추 시대 다음의 기원전 403년부터 진나라가 중국을 통일한 기원전 221년까지 약 200년간의 과도기를 말해요. '전국'이란 말은 한나라 유향이 쓴 『전국책』에서 유래되었어요. 이렇게 춘추 시대와 전국 시대를 합쳐 춘추 전국 시대라고 부르는 이유는 이 두 시대가 여러 나라로 갈라져 중국이 가장 혼란스러운 시기였기 때문이에요.

서로 간에 가장 중요한 믿음

공자께서 말씀하시기를,

사람에게 믿음이 없으면 아무 쓸모가 없는 것이다.

마치 큰 수레에 끌채(수레의 양쪽에 대는 긴 채)가 없고

작은 수레에 멍에(소나 말의 목에 얹는 막대)를

걸 데가 없는 것과 같으니

어찌 앞으로 나아갈 수가 있겠는가.

子曰,

人而無信 不知其可也.

大車無輗 小車無軏 其何以行之哉.

 임금과 신하의 믿음

위나라 문후의 명령으로 악양은 중산국을 무찌르러 전쟁터에 나갔어요. 그런데 악양의 아들인 악서가 중산국의 신하로 있었어요. 이런 상황에서 악양이 뜻하지 않게도 세 번이나 중산국을 공격할

기회를 놓치자 평소 악양을 좋아하지 않았던 신하들이 문후에게 달려가 말했어요.

"주군, 이것 보십시오. 악양은 자신의 아들을 해치고 싶지 않아 공격을 계속 미루고 있는 것입니다. 이건 반역이나 다름없습니다. 분명 지금쯤 중산국과 짜고 반란을 꾀하고 있을 것입니다."

하지만 문후는 악양을 굳게 믿고 있었기 때문에 그들의 말을 들은 척도 하지 않았어요. 문후는 그들의 상소문은 쳐다보지도 않고 상자에 넣어 버리고는 도리어 전쟁터에 있는 악양을 격려했어요.

전쟁이 시작된 지 3개월이 지나도록 중산국이 항복하지 않자 악양은 결국 성을 공격했어요. 그러자 위기에 처한 중산국 왕은 악양의 아들인 악서를 죽인 후, 그 고기로 탕을 끓여 악양에게 보냈어요. 그렇게 해서 악양의 사기를 꺾을 속셈이었어요.

그러나 악양은 눈 하나 깜짝하지 않고 아들의 고기로 만든 탕을 깨끗이 비웠어요. 그러고는 중산국의 사자에게 외쳤어요.

"솥은 우리에게도 얼마든지 있다. 이제는 너희들의 고기로 탕을 끓일 차례다!"

악양은 즉시 군사들을 이끌고 무서운 기세로 중산국 성을 공격했어요. 결국 중산국은 전쟁에서 처참하게 패했고 중산국 왕은 스스로 목숨을 끊었어요.

악양이 승리하여 위나라로 돌아오자 문후는 기뻐하며 성 밖까지 마중 나가 그를 맞이했어요. 그리고 성대한 연회를 열어 주었어요.

악양을 위한 연회가 끝나 갈 때쯤 문후가 악양을 불러 커다란 상자 두 개를 내밀었어요.

"이것은 그대를 위한 것이니라."

악양은 문후가 자신에게 내리는 상일 거라 생각하여 공손히 받고 상자를 열어 보았어요. 그런데 상자 안에 가득 든 것은 자신을 헐뜯는 상소문이었어요.

문후는 빙긋 웃으며 말했어요.

"그대가 전쟁터에 나가 있는 사이, 많은 이들이 자네를 헐뜯는 이런 글을 올렸다네."

그동안 있었던 일을 알게 된 악양은 문후의 믿음에 감사하며 무릎을 꿇고 감동의 눈물을 흘렸어요.

'만약 주군께서 나를 믿어 주지 않으셨다면 나는 이미 죽은 목숨이었겠구나!'

악양은 그 후로 전보다 더 충성을 다해 문후를 도왔어요.

삼강오륜 유교의 도덕에서 기본이 되는 세 가지의 강령과 지켜야 할 다섯 가지의 도리를 말해요. '삼강'은 임금과 신하, 어버이와 자식, 남편과 아내 사이에 지켜야 할 도리를 말하고, '오륜'은 아버지와 아들 사이에는 친밀함이, 임금과 신하는 의리가, 부부는 서로 침범하지 않음이, 어른과 아이에게는 질서가, 친구 사이에는 믿음이 있어야 함을 뜻해요.

제3편
八佾
팔 일

최고의 예의, 어질 인

공자께서 말씀하시기를,

사람이 어질지 않으면 예의가 바른들 무엇하며,

사람이 어질지 않으면 음악을 한들 무슨 소용이 있겠는가.

子曰,
(자) (왈)

人而不仁 如禮何,
(인)(이)(불)(인) (여)(례)(하)

人而不仁 如樂何.
(인)(이)(불)(인) (여)(악)(하)

 ### 인을 위해 목숨을 바친 자로

자로가 위나라 공회의 신하가 되어 관직을 맡고 있을 때였어요. 당시 위나라의 왕 영공에게는 끔찍이 아끼는 애첩인 남자(南子)가 있었어요. 남자는 영공의 사랑을 등에 업고 부도덕한 짓을 많이 저질렀는데 이것을 보다 못한 태자 괴외가 그녀를 죽이려다가 실패해 결국엔 다른 나라로 쫓겨나고 말았어요.

영공이 죽은 후, 남자는 자신의 아들인 영을 왕으로 세우려고 했지만 아들 영이 이를 거절하고 태자 괴외의 아들이었던 첩에게 양보하였어요. 이렇게 하여 괴외의 아들 첩이 위나라 왕이 되었는데 그가 바로 위나라의 출공이었어요.

그런데 출공이 왕이 된 뒤 12년이 지나도록 다른 나라로 쫓겨난 아버지 괴외를 불러들이지 않았어요. 괴외가 돌아오면 아버지에게 왕위를 내놓아야 했는데 그것이 싫었던 거예요. 바로 이때, 괴외가 위나라의 공회를 협박하여 반란을 일으켰어요. 결국 공회가 군사를 일으켜 출공을 내쫓고 괴외가 왕의 자리에 오르게 되었어요.

이렇게 위나라에 반란이 일어났을 때 공자의 제자이자 위나라의 신하였던 자로는 성안에 없었어요. 자로가 뒤늦게 소식을 듣고 왕인 출공을 구하기 위해 달려가는 길에 마침 자고를 만날 수 있었어요. 자고 역시 공자의 제자로 위나라의 신하였어요.

자로가 물었어요.

"자고 자네 지금 어딜 가는 겐가? 반란이 일어났다는데."

그러자 자고가 대답했어요.

"이미 늦었네. 왕이신 출공은 달아나고 성문도 굳게 닫혔다네. 자네도 어서 도망가게나. 이렇게 어물쩍거리고 있다가는 반란군에게 잡힐지도 모르네."

"아니, 나랏돈으로 먹고사는 자가 어찌 이런 반란을 보고도 그냥 도망친단 말인가?"

자로는 자고의 말을 무시하고 반란이 일어난 성 쪽으로 향했어요. 자로가 홀로 성으로 달려갔을 때, 마침 다른 나라에서 온 사자가 성으로 들어가는 중이라 성문이 열려 있었어요. 자로는 사자 일행을 따라 성안으로 들어갈 수 있었어요. 이미 왕위를 차지한 괴외가 기세등등하게 누각(사방을 바라볼 수 있도록 문과 벽이 없이 다락처럼 높이 지은 집)에 앉아 있었어요. 그 옆에는 협박 때문에 어쩔 수 없이 반란을 일으킨 공회가 잡혀 있었어요.

이 모습을 보고 자로가 큰 소리로 외쳤어요.

"괴외 태자께서는 어찌 공회를 위협하십니까? 태자께서 공회를 죽이신다 해도 또 다른 사람이 나서서 태자와 싸울 것입니다."

하지만 괴외는 들은 척도 하지 않았어요. 이에 화가 잔뜩 난 자로는 괴외가 있는 누각에 불을 지르려 했어요. 깜짝 놀란 괴외는 자신의 부하인 석걸과 호염에게 명령했어요.

"어서 저 무례한 자로 녀석을 베어 죽여라!"

자로는 용감한 데다 무술 실력도 뛰어났지만 이미 나이를 많이 먹어 갑자기 한꺼번에 몰려드는 군대를 상대하기 버거웠어요. 순식간에 공격을 당한 자로는 온몸이 상처투성이가 되었어요. 그때 자로가 쓰고 있던 갓의 끈 한쪽이 반란군의 칼날에 끊기고 말았어요. 이때 자로는 담담하게 반란군의 공격을 멈추게 하고 말했어요.

"기다리시오. 군자는 죽을 때도 갓을 벗지 않는 법입니다!"

그러더니 자로는 갓끈을 다시 단단하게 고쳐 맨 뒤 결국 반란군에 의해 죽임을 당하고 말았어요.

자로는 공자의 제자들 가운데 가장 용맹스러운 사람이었어요. 그 모습을 걱정한 공자는 "자로는 용맹이 지나쳐 오래 살지 못할 것이다"라고 했었는데 그 말이 정말로 맞아떨어진 거예요. 자로는 '자신의 몸을 바쳐 인을 이룬다'는 가르침을 직접 보여 주었어요.

살신성인 '어짊과 의로움을 뜻하는 인의를 위해서라면 목숨을 바친다'는 뜻이에요. 한마디로 말해서 정의를 위해서라면 목숨도 아까워하지 않는 거예요. 또한 충, 효, 인간애, 자비를 위해서라면 자신의 이익이 줄어들거나 고통을 받는 것도 기꺼이 받아들이겠다는 뜻으로도 쓰이지요.

군자가 다투어도 되는 것

공자께서 말씀하시기를,

군자는 다투는 일이 없으나,

활을 쏘는 데 있어서는 그렇지 않다.

서로 절로써 예를 표하며 활 쏘는 자리에 올라가고,

내려와서는 술을 마시니,

그 활쏘기에서의 다툼은 실로 군자다운 것이니라.

子曰,
(자)(왈)

君子無所爭, 必也射乎.
(군)(자)(무)(소)(쟁) (필)(야)(사)(호)

揖讓而升, 下而飮, 其爭也君子.
(읍)(양)(이)(승) (하)(이)(음) (기)(쟁)(야)(군)(자)

예의와 섬김에 대하여

정공이 묻기를
"임금이 신하를 부리고 신하가 임금을 섬기는 일은
어떻게 하여야 합니까?"
공자께서 말씀하시기를
"임금은 예로써 신하를 부리고
신하는 충성으로써 임금을 섬겨야 하느니라."

定公問 "君使臣 臣使君 如之何?"
孔子對曰 "君使臣以禮 臣事君以忠."

 ### 참된 섬김을 보인 공자

    기원전 501년, 노나라의 왕 정공은 공자를 형벌과 경찰의 임무를 수행하는 사구에 임명했어요.
    당시 노나라는 제나라와 이웃하고 있었는데 노나라의 힘이 약했던 탓에 제나라의 침략을 받아 많은 땅을 잃어버린 상태였어요. 그

러니 당연히 두 나라 사이가 좋을 리 없었어요. 그때, 공자가 정공을 도와 노나라를 잘 다스린 덕분에 노나라의 힘이 나날이 세지자 위기를 느낀 제나라의 신하 여서는 제나라 왕에게 간청했어요.

"날이 갈수록 노나라가 강성해지고 있사옵니다. 노나라와의 관계를 좋게 다져 두어야만 훗날 일어날 전쟁을 막을 수 있을 것입니다."

여서의 말이 옳다고 여긴 제나라 왕은 협곡이란 곳에서 노나라 왕과 만나 정상 회담을 갖기로 했어요. 제나라 왕의 제안을 받은 정공은 공자에게 협곡으로 갈 준비를 하라고 명령했어요.

그러자 공자가 말했어요.

"제나라는 이미 여러 번 우리 노나라를 침범해 왔습니다. 아무리 이번에 만나는 일이 두 나라의 평화를 위한 조약을 맺기 위해서라지만 무슨 일이 일어날지 모릅니다. 그러하니 만반의 준비를 갖춰 호위병을 많이 데려가십시오."

정공은 공자의 충고대로 호위병을 데리고 협곡으로 향했어요.

제나라의 왕인 경공은 재상인 안영을 데리고 나타났고 정공은 재상 계환자와 공자를 데리고 갔어요. 두 나라의 왕이 서로 마주 보고 좋은 분위기로 술잔을 기울일 때였어요.

갑자기 경공이 물었어요.

"오늘 두 나라의 평화를 위해 우리 제나라 장수들이 칼춤을 선보이러 하는데 어떠합니까?"

정공이 고개를 끄덕이며 허락하자 경공의 신하들이 각종 깃발과 창, 방패, 칼을 휘두르며 회담 장소로 들어왔어요. 이 모습을 보고 공자가 놀라 급히 말했어요.

"정상 회담의 장소에서 연주하기에는 적당하지 않은 듯합니다. 그러니 어서 중지시켜 주십시오."

결국 연주가 중지되자 경공이 이번엔 궁중 음악을 선보이려 하는데 어떻겠냐는 제안을 했어요. 정공이 고개를 끄덕이자 연주가 곧 시작되었어요. 이번에는 화려하게 치장한 남녀 무용수들이 나타나 곡예를 부리고 우스운 농담을 던졌어요. 그러자 공자가 또다시 일어나 경공에게 정중하게 요청했어요.

"한 나라의 왕을 모독하고 신성한 정상 회담의 자리를 더럽히는 저놈들의 목을 베어야 함이 마땅한 줄로 아뢰습니다."

그리고 데리고 온 정공의 호위 병사들을 시켜 무용수들의 목을 치게 했어요. 그러자 경공은 자신의 행동에 대해 크게 부끄러워하면서 회담을 마치고 제나라로 돌아가 자신의 입장을 제대로 돕지 못한 신하들을 크게 꾸짖었어요. 그리고 노나라로부터 빼앗은 땅을 돌려주고 회담 중에 있었던 무례를 사과하며 잘못을 뉘우쳤어요. 이렇게 해서 공자 덕분에 노나라는 외교 전쟁에서 승리할 수 있었어요.

높은 자리에 있을 때

공자께서 말씀하시기를,

윗자리에 있으면서 너그럽지 않고,

예를 차리되 공경스럽지 않고,

상을 당해도 슬퍼하지 않으면,

내 이런 사람에게서 무엇을 보겠는가!

子曰,

居上不寬, 爲禮不敬,

臨喪不哀, 吾何以觀之哉!

좋아하고 미워할 수 있는 자격

공자께서 말씀하시기를,

오직 어진 사람만이 능히 사람을 좋아할 수 있고,

사람을 미워할 수 있느니라.

子曰,

惟仁者能好人, 能惡人.

악을 물리치는 방법

 공자께서 말씀하시기를,

진실로 인에 뜻을 둔다면 악한 것이 없느니라.

子曰,
苟志於仁矣 無惡也.

 ### 더 큰 일을 실천한 관중

공자는 자로, 자공과 함께 인과 덕에 대해 이야기를 나누고 있었어요. 그러다가 제나라의 환공과 관중의 이야기가 화제에 올랐어요.

공자가 말했어요.

"환공이 여러 번 무력을 사용하지 않고 다른 작은 나라들과 힘을 합칠 수 있었던 것은 관중의 힘이 크다. 바로 관중에게 인과 덕이 있었기 때문이다."

그러자 자공이 반대 의견을 내며 말했어요.

"제 의견은 조금 다릅니다. 환공의 형이었던 공자 규가 환공과 왕의 자리를 놓고 싸움을 하다 죽임을 당했습니다. 이때, 관중은 소홀과 함께 규를 섬기던 신하가 아니었습니까? 소홀은 끝까지 규를 따랐고, 결국 규가 죽자 자살을 했지만 관중은 자신의 목숨을 부지하고자 환공의 부하로 들어가 재상이란 벼슬까지 얻었습니다. 이러한 모습을 보시고도 어찌 관중에게 인과 덕이 있다고 하실 수 있습니까?"

그러자 공자가 대답했어요.

"관중이 환공의 재상이 되어 그를 도와 나라를 안정적이게 만들고 흩어져 있던 나라를 통일하였기에 백성들이 평화롭게 살 수 있지 않았겠느냐? 만일 관중이 아니었다면 나는 머리를 산발하고 옷섶을 왼쪽으로 여미고 사는 야만족처럼 지내고 있을 것이다. 관중처럼 뛰어난 인물이 다른 사람처럼 사소한 절개를 지키려고 산 속에서 홀로 쓸쓸히 죽는 것이 정말 옳다고 생각하느냐?"

사람의 허물

공자께서 말씀하시기를,

사람의 허물은 그 무리에 따라 다른 것이니,

남의 잘못을 보면 곧 그 사람의 인을 알 수 있느니라.

子曰,
자 왈

人之過也 各於其黨,
인 지 과 야 각 어 기 당

觀過 斯知仁矣.
관 과 사 지 인 의

『논어』의 차례 제목 『논어』는 공자의 말씀을 가장 잘 전하고 있는 최고의 유교 경전이에요. 또한 『논어』라는 책 이름 자체가 공자의 말을 모아 간추려서 일정한 순서로 편집한 것이라는 뜻이에요. 본문 내용은 학문에 관해 다룬 '제1편 학이'에서 출발하여 역대 성인의 정치 이상을 다룬 '제20편 요왈'에서 끝이 나요. 그리고 편마다 붙은 제목에는 특별한 뜻이 있는 것이 아니라 편마다 제일 처음 시작하는 두 글자 혹은 세 글자를 각 편의 제목으로 삼았어요. 즉, '제1편 학이'는 학이라는 말로 시작하기 때문에 붙은 제목이에요.

참된 진리, 도

 공자께서 말씀하시기를,

아침에 도를 들으면 저녁에 죽어도 좋으리라.

子(자) 曰(왈),

朝(조) 聞(문) 道(도) 夕(석) 死(사) 可(가) 矣(의).

조문도석사가의 '아침에 도를 들으면 저녁에는 죽어도 상관없다'는 뜻이에요. 공자는 "아침에 온 세상에서 도가 행해지고 있다는 것을 듣게 된다면 죽어도 여한이 없다"고 말할 정도로 사람들의 도덕이 회복되는 세상을 목숨보다 더 중요하게 생각했어요.

의를 좇는 군자

공자께서 말씀하시기를,

군자는 이 세상에 반드시 해야 하는 것이 없고,

절대로 안 되는 것도 없으며,

오직 의를 좇아서 의와 함께 살아가느니라.

子曰,

君子之於天下也, 無適也,

無莫也 義之與比.

도(道)와 의(義) 공자는 도와 의를 중요하게 여겼어요. '도'는 지켜야 할 도리나 종교적으로 깊이 깨우친 이치 또는 그런 경지를 말하고 '의'는 사람으로서 지키고 행해야 할 바른 도리를 말해요.

군자와 소인의 생각

공자께서 말씀하시기를,

군자는 덕을 생각하지만 소인은 땅(재물)을 생각하고,

군자는 죄를 짓지 않기 위해 벌을 생각하지만

소인은 자신의 이익만 생각하느니라.

子曰,
(자왈)

君子懷德 小人懷土,
(군자회덕 소인회토)

君子懷刑 小人懷惠.
(군자회형 소인회혜)

군자와 소인 군자는 '성품이 어질고 학식이 높은 지성인'을 가리키고 소인은 군자와 반대되는 말로 '도량이 좁고 마음이 너그럽지 못하며 간사한 사람'을 뜻해요. 공자가 『논어』에서 말한 것처럼 군자와 소인은 여러 가지 면에서 반대되는 개념이에요.

원망의 시작점

 공자께서 말씀하시기를,
이익에 따라 행동하면 원망이 많으니라.

子曰,
放於利而行 多怨.

 **원망을 믿음으로 바꾸는 방법**

전국 시대였어요. 서로 맞닿아 있던 초나라와 양나라는 국경 주변에 오이 농사를 짓기 시작했어요.

양나라 농민들은 매일매일 동이 트기도 전에 일어나 오이에 물을 주고 정성을 다해 가꿨어요. 그 덕분에 양나라 농민들의 오이는 무럭무럭 자랄 수 있었어요.

하지만 초나라의 농민들은 농사일에 전혀 관심이 없었어요. 오이씨만 뿌려 두고 게으름을 피운 탓에 싹이 제대로 나지 않거나 잎이 누렇게 변하기 일쑤였어요. 초나라 농민들은 자신들의 게으름을 뉘우치기는커녕 양나라 농민들의 싱싱한 오이를 보고 배 아파했어요.

"쳇, 우리 농사가 안 됐는데 양나라의 오이만 잘 자라게 내버려 둘 수 없지."

초나라 농민들은 양나라 오이 밭을 모조리 짓밟아 버렸어요.

다음 날, 엉망진창이 된 자신들의 오이 밭을 본 양나라 농민들은 화가 머리끝까지 났어요. 양나라 농민들은 현령인 송취를 찾아가 하소연했어요.

"나리, 초나라 것들이 우리 오이 밭을 엉망으로 만들어 놓았습니다. 그것들이 그러고도 사람입니까? 눈에는 눈, 이에는 이라고 했으니 우리도 그놈들의 오이 밭을 망가뜨려야 직성이 풀리겠습니다."

하지만 송취는 마을 사람들을 말리며 말했어요.

"그런 짓을 해 보았자 악감정만 남을 것이다. 남이 내 싹을 밟은 것이 마음 아픈 일이라는 걸 뻔히 알면서 남에게도 똑같은 짓을 어찌 저지른단 말이냐? 상대방이 잘못했다고 하여 똑같이 벌을 주는 것은 속 좁은 사람들이나 하는 짓이다. 그러니 밭을 짓이길 생각은 하지 말고 오늘부터 매일 그들의 밭에 물을 대 주어라. 단, 그들이 모르게 밤에 몰래 주는 것이 좋겠구나."

양나라 농민들은 이해할 수 없었지만 송취의 말을 따르기로 했어요.

그로부터 매일 밤, 양나라 농민들은 몰래 초나라 오이 밭에 물을 주었어요. 초나라 농민들은 자신들이 돌보지도 않는데 쑥쑥 자라나는 오이를 보고 이상하다고 생각했어요.

그러던 어느 날, 양나라 농민들이 자신들의 밭에 물을 준다는 사실을 알게 된 초나라 농민들은 크게 감동했어요. 그들은 앞다투어 자신들의 현령을 찾아가 그동안 있었던 일들을 털어놓았어요. 이 이야기를 전해 들은 초나라 현령은 이 일을 초나라 왕에게 알렸어요. 초나라 왕 역시 이야기를 듣고 놀라워하며 양나라에 사자를 보내 그동안 있었던 일들을 사과했어요. 그 뒤로 초나라와 양나라는 좋은 관계를 맺을 수 있었고 두 나라의 농민들도 사이좋은 이웃이 될 수 있었어요.

군자와 소인의 차이

 공자께서 말씀하시기를,
군자는 의에 밝고 소인은 이익에 밝다.

子曰,
君子喩於義 小人喩於利.

 ### 소인을 꾸짖은 장자

어느 날, 장자가 배고픔을 견디다 못해 감하후에게 양식을 꾸러 갔어요. 감하후는 인색하기로 소문난 인물이었지만 많은 사람들의 존경을 받는 장자의 부탁을 쉽게 뿌리칠 수 없었어요. 하지만 감하후의 머릿속엔 어떻게 하면 장자에게 양식을 빌려 주지 않을 수 있을까 하는 생각뿐이었어요.

한참 동안 입을 다물고 있던 감하후가 입을 열었어요.

"지금은 질이 안 좋은 쌀밖에 남아 있지 않으니 힘들 것 같소. 며칠 뒤에 세금을 걷고 나면 좋은 쌀로 빌려 줄 터이니 그때 오시오."

감하후의 말을 듣자마자 장자는 그가 양식을 빌려 주기 싫어 꾀를 부리는 것을 눈치챘어요. 장자는 감하후를 꾸짖으며 말했어요.

　　"내가 양식을 빌리러 이곳으로 오는 도중에 나를 부르는 소리를 들었소. 그 소리를 따라가 보니 수레바퀴 자국에 땅이 파여 물이 고여 있었소. 그곳에 있는 붕어 한 마리가 나를 불렀던 것이오. 그래서 내가 물었소. '넌 여기서 무얼 하고 있느냐?' 그러자 붕어가 거의 말라 가는 물속에서 헐떡이며 말했소. '내 고향은 원래 동해였습니다. 그런데 보시다시피 물이 없어 죽을 지경입니다. 그러니 제가 살 수 있도록 물 한 바가지만 퍼다 주세요.' 붕어의 말을 듣고 내가 대답했소. '조금만 기다리거라. 내가 남쪽에 있는 오나라와 월나라로 가서 맑고 깨끗하다는 서강의 물을 끌어다가 네게 가져다주마.' 그러자 붕어가 벌컥 화를 내며 말했소. '물 한 바가지만 있으면 나를 살릴 수 있는데 서강에 흐르는 좋은 물이 다 무슨 소용이란 말입니까? 됐습니다. 전 이제 말라 죽겠지요. 훗날 건어물 시장에서나 나를 찾아보십시오!' 지금 그대가 내게 한 것이 바로 이 이야기와 다를 바가 없다오."

장자와 호접지몽 (B.C. 369 ~ B.C. 289?) 전국 시대 송나라 사람으로 제자백가 중 도가의 대표자로 손꼽히며 노자의 사상을 이어 '도'를 중요하게 여겼던 철학자예요. 어느 날 자신이 나비가 되어 날아다니는 꿈을 꾸고 잠에서 깨었는데 자신이 꿈을 꾸고 나비가 된 것인지, 아니면 나비가 꿈을 꾸고 지금의 내가 되어 있는 것인지 헷갈려 하며 '호접지몽'이란 고사성어를 남겼어요.

인생의 본보기

공자께서 말씀하시기를,
어진 사람을 보면 자신도 그와 같이 되기를 생각하며,
어질지 않은 사람을 보면 나 자신을 스스로 살펴야 하느니라.

子曰,
見賢思齊焉, 見不賢而內自省也.

 ## 어진 사람의 본보기, 요순 임금

어진 정치로 태평한 시대를 만들었던 순은 어릴 적, 가난한 집에서 힘들게 생활했어요. 순에게는 앞을 못 보는 아버지가 있었고 늘 순을 못마땅하게 여기는 새어머니와 배다른 동생이 있었어요. 그런 가정에서 순은 언제나 구박을 들으며 자랐지만 그럼에도 언제나 부모에게 공손했고 동생을 아끼는 마음도 남달랐어요. 가난했던 탓에 힘든 일도 많이 하고 밥을 굶는 일도 많았지만 그는 불평 한마디 없었어요.

부모님께 효도하고 아우를 아끼는 순의 모습을 보고 마을 사람들은 분명 그가 큰일을 할 거라고 칭찬했어요.

하지만 새어머니와 동생은 그런 순이 못마땅해서 언제나 순을 몰래 죽일 계획을 세웠어요. 하는 수 없이 순은 위험에서 벗어나기 위해 집을 나와 역산 아래의 황무지에서 살게 되었어요.

순의 사정을 알게 된 사람들은 모두들 순을 위해 농사지을 땅과 물고기를 기를 수 있는 장소를 빌려 주었어요. 순은 마을 사람들에게 고마워하며 진흙으로 그릇을 빚어 나누어 주곤 했어요. 순의 어진 마음씨 덕에 순이 가는 곳마다 많은 사람들이 그를 따랐어요.

역산에서 어느 정도 안정된 생활을 할 수 있게 되자 순은 부모와 아우를 데려와 보살폈어요. 이런 순의 모습은 사람들의 입에서 입으로 전해졌어요.

"자신을 그토록 미워했던 계모와 그 동생마저 다시 보살피다니, 순은 참 마음이 넓군!"

이러한 소문은 요 임금의 귀에까지 들어가게 되었어요. 요 임금은 자신의 아들인 단주가 왕이 될 만한 자질이 없다는 걸 잘 알고 있었어요. 그래서 아들 대신 왕위를 물려줄 사람을 찾고 있었어요. 그때 요 임금은 모든 사람들이 입을 모아 칭찬하는 순이 어떤 인물인지 궁금해서 그의 인격과 재능을 시험해 보기로 했어요.

요 임금은 신하를 시켜 명했어요.

"역산의 순이란 자에게 좋은 거문고와 내 두 딸, 아황과 여영을 주고 다른 아홉 명의 아들은 그를 돕도록 하거라."

순이 아름다운 두 명의 아내를 얻게 되고 귀한 선물까지 받게 되자, 마을 사람들은 모두 자신의 일처럼 뛸 듯이 기뻐했어요. 하지만 순의 배다른 동생인 상은 그런 형이 마음에 들지 않았어요.

'형을 죽이고 두 형수를 내가 차지해야지.'

질투에 눈이 멀어 상은 새어머니와 함께 순을 죽일 계획을 세워 아버지를 시켜 순에게 물이 새는 지붕을 고치도록 했어요.

순은 사다리를 지붕에 대고 삿갓 두 개를 가져와 지붕 위로 올라갔어요. 순이 지붕으로 올라가는 것을 확인하자 상은 몰래 사다리를 치우고 집에 불을 질렀어요. 순식간에 집은 불로 뒤덮였어요. 지붕 위에서 꼼짝없이 타 죽게 되었지만 순은 당황하지 않고 삿갓 두 개를 새의 날개처럼 펼쳐 뛰어내렸어요. 덕분에 순은 안전하게 땅으로 내려올 수 있었어요.

'계획에 실패하다니!'

새어머니와 상은 또다시 계획을 세워 아버지를 시켜 이번에는 순에게 우물을 파도록 했어요.

물론 순은 이 일이 새어머니와 동생이 자신을 죽이려는 계략임을 알고 있었지만 아무 말 하지 않고 삽과 도끼 그리고 밧줄을 가져가 우물을 파기 시작했어요. 순은 어느 정도 깊게 우물을 파자 우물 바닥 옆쪽에 사람 하나가 들어갈 수 있는 정도의 구멍을 냈어요.

그때였어요. 갑자기 위에서 커다란 돌덩이들이 우르르 떨어지는 것이었어요. 순은 재빨리 옆에 파 놓은 구멍으로 들어가 몸을 숨겼어요. 구멍을 파 놓지 않았더라면 순은 꼼짝없이 돌덩이에 맞아 죽었겠지만 다행히 목숨을 건질 수 있었어요.

순은 구덩이 속에 숨은 채 돌덩이가 떨어지는 게 멈추기를 기다렸어요. 한참이 지나 주변이 조용해지자 순은 구덩이에서 나와 밧줄을 타고 땅 위로 올라왔어요. 이미 밖은 캄캄한 밤이었고 순은 흙투성이가 된 옷을 툭툭 털고는 집으로 향했어요. 집 안으로 순이 들어가려는 찰나, 집 안에서 동생 상이 부모님에게 이야기하는 것을 듣게 되었어요.

"우물을 파던 순 형님은 제가 던진 돌에 맞아 죽었을 겁니다. 한참을 던졌으니까요. 이제 요 임금이 내려 주신 귀한 거문고와 두 형수는 제 차지입니다. 그뿐만이 아닙니다. 가축들과 양식들도 이젠 모두 제 것이지요."

문 밖에서 묵묵히 상의 말을 듣고 있던 순은 조용히 문을 열었어요. 죽은 줄로만 알았던 순이 살아 돌아오자 상은 기겁하며 놀랐어요. 상이 이제 꼼짝없이 관가로 끌려가 벌을 받겠구나, 생각하고 있는데 순은 아무 일도 없었다는 듯 평소처럼 부모님께 인사를 드리고 상에게 말했어요.

"아우야, 내가 할 일이 많으니 이제부터 네가 집안일을 더 많이 해야 할 것 같구나."

원망하지 않고 담담하게 말하는 순을 보며 그제야 상은 눈물을 흘리며 무릎을 꿇고 형에게 용서를 빌었어요. 순의 새어머니와 아버지도 잘못을 뉘우쳤어요.

이 일을 알게 된 요 임금은 크게 기뻐하며 말했어요.

"순이야말로 믿을 수 있는 인물이로구나! 순처럼 어진 사람이 임금이 되어야 나라가 태평할 수 있을 것이다."

결국 요 임금은 순에게 왕위를 물려주기로 결심했어요. 순은 50세가 되어 요 임금을 대신해 나라를 다스리다가 요 임금이 세상을 떠나자 임금의 자리에 올라 나라를 어질게 다스렸어요.

요순시대 요 임금과 순 임금이 덕으로 나라를 다스리던 태평한 시대를 말해요. 그 시대에는 백성들이 살기 좋아서 길거리에 돈이 떨어져 있어도 주인이 찾으러 올 때까지 아무도 욕심내며 줍지 않았다고 해요. 지금도 요순시대는 평화로운 세상의 모범으로 불리고 있어요.

부모에 대한 도리

공자께서 말씀하시기를,
부모를 섬기되 허물이 있거든 은근히 말씀드려야 할 것이니,
뜻이 같지 않더라도 더욱 부모님을 공경하며
힘들어도 원망해서는 안 되느니라.

子曰,
事父母幾諫 見志不從,
又敬不違 勞而不怨.

 부모를 섬기는 방법

　공자의 제자 중에 민자건이란 사람이 있었는데 그는 공자의 제자 중 뛰어난 열 사람을 뜻하는 10철의 한 사람이었어요. 그는 효심도 깊고 덕이 높아 어진 사람으로 손꼽혔어요. 하지만 일찍 어머니를 잃고 아버지가 새어머니를 얻어 배다른 동생들과 함께 살고 있었어요.

어느 겨울날, 민자건이 아버지를 모시고 수레를 몰고 가고 있었어요. 그런데 수레를 몰던 민자건이 말고삐를 놓치는 것이었어요. 이 모습을 본 아버지는 의아하게 생각했어요.

'아니, 육예를 다 익힌 자건이 고삐를 놓치는 실수를 하다니 이상하구나.'

옛날 벼슬을 하는 높은 집안의 남자들이 꼭 갖추어야 기술과 예술을 가리켜 육예라고 하는데 수레를 모는 것 또한 육예의 한 가지였어요. 예절, 음악, 활쏘기, 수레 몰기, 글씨 쓰기, 수 익히기가 바로 육예였어요. 아버지는 이상하게 생각하며 민자건의 팔과 몸을 살펴보았어요. 놀랍게도 민자건은 추운 겨울날 얇은 옷 한 벌만 걸치고 있었어요.

'이렇게 추운 날 이런 홑옷만 입히니 몸이 얼어 고삐를 놓칠 수밖에 없지 않은가? 이런 고약한 일이 있나.'

아버지는 이런 얇은 옷만 준 새어머니의 행동에 화가 머리끝까지 났지만 꾹 참고 집으로 돌아와 민자건의 이복형제들의 옷을 만져 봤어요. 역시나 그들은 두툼한 솜옷을 입고 있었어요.

화가 난 민자건의 아버지는 새어머니를 불러 꾸짖었어요.

"어찌 자신이 낳은 자식이 아니라고 해서 이렇게 천하게 대할 수 있소? 그러고도 당신이 용서받을 수 있다고 생각하오?"

민자건의 아버지는 화를 내며 새어머니를 내쫓으려고 했어요.

그러자 민자건이 놀라 달려와서는 무릎을 꿇고 애원했어요.

"아버지, 부디 용서해 주시옵소서. 어머니가 계시면 한 아들만 홑옷을 입으면 되지만 어머니가 안 계시면 세 아들 다 홑옷을 입어야 합니다."

민자건의 아버지가 듣고 보니 틀린 말이 아니었어요. 게다가 자신에게 홑옷을 입힌 새어머니를 용서해 달라는 민자건의 모습이 기특해 보였어요. 꼼짝없이 쫓겨나게 되었다고 생각한 새어머니는 착하고 어진 민자건의 말에 감동하여 그 뒤로는 착한 사람이 되었어요.

공맹 사상 유교는 공자가 창시자이지만 공자 후에 맹자라는 인물에 의해 발전되고 더욱 체계화되었어요. 그래서 후세에는 유교를 발전시킨 맹자를 존중하여 유교를 공자와 맹자의 사상이라 해서 공맹 사상이라고 부르기도 해요. 공자의 후계자에게 유교를 배운 맹자는 공자의 도를 발전시켜 성선설과 왕도 정치를 주장하였어요. 왕도 정치란 인과 덕을 근본으로 하여 나라를 다스리는 정치사상을 말해요.

언행일치의 중요성

공자께서 말씀하시기를,

옛사람들이 말을 앞세우지 않았던 것은

몸이 말에 따르지 못함을 부끄럽게 여겼기 때문이니라.

子曰,
자 왈

古者言之不出 恥躬之不逮也.
고 자 언 지 불 출   치 궁 지 불 체 야

언행일치 말과 행동이 하나로 들어맞거나 또는 말한 대로 행동하는 것을 말해요. 공자는 말만 내세우는 것보다 먼저 행동으로 보여 주고 그 행동에 대해 말하는 것이 군자의 옳은 몸가짐이라고 했어요.

군자의 언행

공자께서 말씀하시기를,

군자는 말을 아끼더라도 행동은 민첩하게 하고자 하느니라.

子曰,
君子欲訥於言 而敏於行.

이인

외롭지 않은 덕

공자께서 말씀하시기를,

덕이 있는 사람은 외롭지 않고 반드시 그 이웃이 있느니라.

子曰,
자 왈

德不孤 必有隣.
덕 불 고 필 유 린

덕불고필유린 '덕이 있으면 반드시 따르는 사람이 있으므로 외롭지 않다'는 뜻으로 덕필유린이라고도 해요. 즉, 덕을 지닌 사람은 다른 사람을 평온하게 하며 자연스럽게 사람들이 모여들어 함께 나아가기에 외롭지 않다는 뜻이에요.

군자의 네 가지 도

공자께서 자산을 평가하시기를,
군자의 네 가지 도를 지니고 있으니,
행실에 있어서는 공손하고,
윗사람을 섬기는 데 있어서는 공경하고,
백성을 섬기는 데는 은혜로우며,
백성을 부림에 있어서는 의리에 맞게 하느니라.

子謂子産, 有君子之道四焉,
其行己也恭, 其事上也敬,
其養民也惠, 其使民也義.

중국 최초의 성문법을 만든 자산 (B.C. ? ~ B.C. 522) 중국 춘추 시대 정나라의 재상으로 세력이 큰 나라 사이에서 어려운 처지에 있던 정나라의 힘을 길러 강하게 만들었어요. 중국 최초로 문서 형식을 갖춘 법인 성문법을 만들어 대대로 전해 오던 귀족 정치를 없애려 했고, 공자의 사상에 영향을 준 인물이었어요.

백이와 숙제

공자께서 말씀하시기를,
백이와 숙제는 남의 지나간 악함을 마음에 두지 않았고,
원망하는 이가 드물었느니라.

_자 _왈
子曰,
_백 _이 _숙 _제 _불 _념 _구 _악   _원 _시 _용 _희
伯夷叔齊 不念舊惡, 怨是用希.

 어진 삶을 산 형제

　　백이와 숙제는 은나라 말기부터 주나라 초기에 걸쳐 살았던 전설적인 성인으로 백이가 형이고 숙제가 아우였어요. 백이와 숙제 형제는 처음에 고죽국의 왕자였어요. 그런데 아버지인 고죽군이 죽을 때, 형이 아닌 동생인 숙제에게 왕위를 물려주겠다는 유언을 남겼어요.

　　그러자 숙제가 거절하며 말했어요.

　　"어찌 형님을 두고 감히 내가 왕이 될 수 있겠습니까?"

공야장

숙제의 말을 듣고 백이가 말했어요.

"왕위에 있어 형과 아우가 다 무슨 상관이 있느냐? 이것은 아버지이자 왕의 뜻이니 마땅히 숙제 네가 왕이 되어야 한다."

형제는 서로 왕위에 오르지 않겠다고 싸웠어요.

백이는 곰곰이 생각했어요.

'내가 이 나라에 있기 때문에 동생이 왕위에 오를 수가 없는 것이다. 내가 떠나는 것이 가장 현명한 방법이겠구나.'

그렇게 해서 백이는 고죽국을 떠났어요. 그러자 숙제도 백이를 따라 나라를 떠나 버렸어요. 형제는 사이좋게 덕이 높다는 주나라 문왕을 찾아갔어요. 하지만 이미 문왕은 죽은 뒤였고 그의 아들인 무왕이 나라를 다스리고 있었어요. 백이와 숙제 형제는 주나라에서 머물기로 했어요. 그런데 어느 날, 무왕은 은나라의 마지막 임금인 폭군 주왕을 무찌르려고 했어요.

그러자 두 형제는 무왕을 말리며 말했어요.

"부디 진정하옵소서. 비록 지금 은나라가 어지럽기는 하지만 그런 상태의 은나라를 공격하는 것은 의에 어긋납니다."

하지만 무왕의 귀에는 형제의 말이 들어오지 않았어요. 결국 무왕의 손에 은나라는 멸망하고 말았어요.

이 모습을 본 백이가 숙제에게 말했어요.

"아우야, 문왕의 덕이 높다고 해서 찾아왔건만 그의 아들인 무왕은 그렇지 못한 듯하구나."

"그러게나 말입니다. 형님, 이렇게 의롭지 못한 왕 밑에서 일하고 싶지는 않습니다. 차라리 수양산에 들어가 고사리를 캐 먹고 사는 것이 낫겠습니다."

"그래, 네 말이 맞는 것 같구나."

백이와 숙제는 수양산으로 가 고사리를 캐 먹다가 수양산 역시 주나라 땅이니 주나라 땅에서 나는 것은 먹을 수 없다고 생각하여 끝내 굶어 죽었어요.

공자는 백이와 숙제 형제에 대해 이렇게 말하며 칭찬했어요.

"백이와 숙제는 지나간 악에 대해 생각하지 않았다. 그래서 원망하는 이가 드물었다. 또한 그들은 덕과 어짊을 실천하여 어진 삶을 살았으니 후회하지 않았을 것이다. 그들이야말로 현명하고 어진 사람들이로다."

백이·숙제 백이와 숙제는 은나라 고죽국의 왕자로 전설적인 성인 형제예요. 이들은 주나라가 은나라를 무찔러 은나라가 망하고 주나라가 되었음에도 끝까지 은나라 군주에 대한 충성을 지키기 위해 주나라 땅에서 나는 음식을 먹지 않고 수양산에 들어가 굶어 죽고 말았어요.

최고로 학문을 좋아하는 사람

공자께서 말씀하시기를,

열 집이 사는 고을쯤 되면

반드시 나와 같은 충성스럽고 믿음직한 사람은 있겠으나,

나와 같이 배우기를 좋아하는 사람은 없을 것이니라.

子曰,
_{자 왈}

十室之邑 必有忠信如丘者焉,
_{십 실 지 읍   필 유 충 신 여 구 자 언}

不如丘之好學也.
_{불 여 구 지 호 학 야}

제6편 雍也 옹야

제자 안회

공자께서 말씀하시기를,

안회는 그 마음이 석 달이 지나도 어진 것을 어기지 않는다.

그러나 그 나머지 제자들은

겨우 하루나 한 달에 한 번 어진 것에 이를 뿐이니라.

子曰,
(자왈)

回也 其心三月不違仁.
(회야 기심삼월불위인)

其餘 則日月至焉而已矣.
(기여 즉일월지언이이의)

안회 (B.C. 521 ~ B.C. ?) 중국 춘추 시대 노나라의 현인으로 안연이라고도 불려요. 공자가 가장 신임하였던 제자였으나 공자보다 일찍 죽었어요. 가난하게 살았지만 성내거나 잘못한 일이 없어 공자 다음가는 성인으로 받들어졌어요.

군자와 선비

공자께서 자하에게 이르시기를,

너는 군자다운 선비가 되고, 소인과 같은 선비는 되지 마라.

子^자 謂^위 子^자 夏^하 曰^왈,
女^여 爲^위 君^군 子^자 儒^유, 無^무 爲^위 小^소 人^인 儒^유.

선비 학식이 있고, 행동과 예절이 바르며, 의리와 원칙을 지키고, 관직과 재물을 탐하지 않는 고결한 인품을 지닌 사람을 뜻해요. 유교를 공부하며 유교를 실천하는 사람을 선비라고 한 것이지요. 또 선비는 양반 계급에서만 나올 수 있기 때문에 신분을 뜻하기도 했어요.

옹야

함께 빛나야 하는 것

공자께서 말씀하시기를,

내면이 겉모습보다 두드러지면 거칠고,

겉모습이 내면보다 두드러지면 간사하니,

내면과 겉모습이 어우러져야만 군자이니라.

_{자 왈}
子曰,

_{질 승 문 즉 야}　_{문 승 질 즉 사}
質勝文則野, 文勝質則史,

_{문 질 빈 빈}　_{연 후 군 자}
文質彬彬　然後君子.

정직한 삶

공자께서 자하에게 이르시기를,

사람의 삶은 원래 정직한 것이니라.

정직하지 않은 삶은 요행히 화만 면하는 것일 뿐이니라.

子曰,
자 왈

人之生也直. 罔之生也 幸而免.
인 지 생 야 직   망 지 생 야   행 이 면

중국 최초의 어록, 『논어』 어록이란 위인들의 말을 기록한 책을 말해요. 『논어』는 약 2,500년 전 공자가 한 말씀을 훗날 제자들이 기록하여 책으로 만든 중국 최초의 어록으로 알려져 있어요. 공자는 생전에 책을 만들어 남기지 않았어요. 즉, 『논어』는 공자의 말씀을 가장 잘 알 수 있는 책으로 공자와 제자들 사이의 묻고 답하는 문답을 주된 내용으로 하여 인생의 가르침을 전하는 말씀들이 함축성 있게 담겨 있어요.

최고의 경지는 즐기는 것

공자께서 말씀하시기를,

도를 아는 자는 좋아하는 자만 못하고,

좋아하는 자는 즐기는 자만 못하느니라.

子曰,

知之者 不如好之者,

好之者 不如樂之者.

수많은 학자와 사상, 제자백가 춘추 전국 시대는 수많은 나라로 나누어져서 서로를 통일하기 위해 다투던 시절이었어요. 이때 중국의 많은 학자들이 나타나 이런 혼란스런 시대를 바로잡기 위해 서로의 사상을 들고 나타나서 뜻을 펼쳤어요. 그래서 '제자백가'란 춘추 전국 시대에 활약한 학자와 학파를 모두 뜻하는 말로 공자도 이 중 한 사람이었어요. 제자백가에서 '제자'란 여러 학자들이란 뜻이고 '백가'란 수많은 사상을 주장한 학파를 말해요. 노자, 장자 역시 이 시대의 사람들이에요.

지혜로운 자와 어진 자

공자께서 자하에게 이르시기를,

지혜로운 사람은 물을 좋아하고 어진 사람은 산을 좋아한다.

지혜로운 사람은 활발하나 어진 사람은 고요하다.

그렇기 때문에 지혜로운 사람은 즐겁게 살고

어진 사람은 오래 사느니라.

子曰,
知者樂水 仁者樂山.
知者動 仁者靜.
知者樂 仁者壽.

학문과 예의

공자께서 말씀하시기를,

군자는 널리 학문을 배우고 예로써 지키면

비로소 도에서 어긋나지 않느니라.

子曰,
(자 왈)

君子 博學於文 約之以禮
(군 자) (박 학 어 문) (약 지 이 례)

亦可以弗畔矣夫.
(역 가 이 불 반 의 부)

옛것을 전하는 방법

공자께서 말씀하시기를,

나는 옛것을 전하되 새것을 만들어 내지는 않으며,

옛것을 믿고 좋아하니 겸손히 노팽에게 비교해 보노라.

子曰,

述而不作 信而好古

竊比於我老彭.

술이부작 공자는 자신이 쓴 글들이 사람들로부터 칭찬을 받게 되자, 자신은 예부터 내려오는 조상들의 사상과 문화를 이어받아 정리한 것뿐이지 스스로 창작한 것은 아니라고 말했어요. 즉, 술이부작이란 자신이 창작해서 만든 것인데도 자신이 직접 만든 것은 거의 없다며 겸손해하는 태도를 말하는 거예요.

근심의 차이

공자께서 말씀하시기를,

덕이 닦아지지 않는 것과 학문이 익혀지지 않는 것,

의를 들어도 능히 실천하지 못하는 것,

선하지 않음을 능히 고치지 못하는 것이 바로 나의 근심이니라.

子曰,
德之不修 學之不講,
聞義不能徙,
不善不能改 是吾憂也.

가장 중요한 것은 자신의 의지

공자께서 말씀하시기를,
(배우려고) 애쓰지 않거든 가르쳐 주지 말고,
(표현하려고) 애쓰지 않거든 일깨워 주지 말 것이며,
하나를 알려 줘도 나머지 세 개를 깨닫지 못하는 자에게는
다시 가르쳐 주지 말 것이니라.

子曰,
不憤不啓, 不悱不發,
擧一隅 不以三隅反 則不復也.

참다운 부귀

공자께서 말씀하시기를,

거친 밥을 먹고 물을 마시고 팔베개를 하고 살더라도

즐거움이 또한 그 가운데 있는 것이니,

의롭지 않은 부귀는 나에게 있어 뜬구름과 같으니라.

子曰,
(자왈)

飯疏食飮水 曲肱而枕之 樂亦在其中矣,
(반소식음수 곡굉이침지 락역재기중의)

不義而富且貴 於我如浮雲.
(불의이부차귀 어아여부운)

중요한 것은 후천적인 것

공자께서 말씀하시기를,

나는 나면서부터 (도리와 이치를) 아는 사람이 아니라,

옛것을 좋아하여 부지런히 구하는 사람이니라.

子曰,

我非生而知之者, 好古敏以求之者也.

나의 스승은

공자께서 말씀하시기를,

세 사람이 길을 가면 반드시 나의 스승이 있느니라.

그중에 착한 사람을 가려서 따를 것이고,

착하지 않은 사람은 고칠지니라.

子曰,
(자왈)

三人行 必有我師焉,
(삼인행 필유아사언)

擇其善者而從之, 其不善者而改之.
(택기선자이종지, 기불선자이개지)

삼인행필유아사 '세 사람이 함께 가는 길엔 반드시 나의 스승이 있다'는 뜻이에요. 즉, 단지 세 사람만 모여도 필히 배울 만한 것이 있다는 거예요. 배우겠다는 자세로 사람을 대하면, 선한 사람에게서는 좋은 점을, 악한 사람에게서는 나쁜 점을 보게 되어 스스로를 발전시킬 수 있어요.

가장 중요한 군자의 실천

공자께서 말씀하시기를,

학문은 내가 다른 사람에 못 미침이 없겠지만,

군자의 도를 몸소 실천함에 있어서는 내 아직 얻음이 없느니라.

子曰,

文 莫吾猶人也,

躬行君子 則吾未之有得.

군자와 소인의 마음

공자께서 말씀하시기를,

군자는 마음이 평탄하며 넓고, 소인은 항상 걱정이 많으니라.

_{자 왈}
子曰,
_{군 자 탄 탕 탕   소 인 장 척 척}
君子坦蕩蕩, 小人長戚戚.

'공자 앞에서 문자 쓴다' 약 2,500년 전에 탄생한 유교는 특히 우리나라에서 조선 시대 때 더욱 번창하게 되었어요. 조선은 유교를 나라의 이념인 국교로 받아들여 조선을 유교적 이상 국가로 만들려고 했어요. 그러다 보니 유교는 오랜 세월 동안 우리나라에도 많은 영향을 미쳐 그 영향이 속담 등으로도 남아 있어요. 예를 들어 '공자 앞에서 문자 쓴다'는 지식이 부족한 사람이 자기보다 유식한 사람 앞에서 아는 체하는 것을 말하고 '공자 왈 맹자 왈'은 실천은 없이 헛된 이론만을 일삼는 경우를 비유적으로 이르는 속담으로 쓰이고 있어요.

가장 중요한 것은 예의 있고 없음

공자께서 말씀하시기를,

공손하되 예가 없으면 번거롭고,

신중하되 예가 없으면 남이 두렵게 여기고,

용기가 있되 예가 없으면 사회를 어지럽히고,

정직하되 예가 없으면 급박하여진다.

군자가 가까운 이들에게 잘 대하여 주면

백성들은 어진 것을 본받을 것이고,

옛 친구를 버리지 않으면 백성이 각박하여지지 않느니라.

子曰,

恭而無禮則勞, 愼而無禮則葸,

勇而無禮則亂, 直而無禮則絞.

君子篤於親 則民興於仁,

故舊不遺 則民不偸.

겸손한 사람의 표본

증자가 말하기를,

유능하면서도 무능한 사람에게 물어보고,

많이 알면서도 조금 알고 있는 사람에게 물어보며,

있으면서도 남 보기에는 없는 것 같고,

꽉 차 있으면서도 텅 빈 듯하고,

남이 자기에게 잘못을 범해도 다투지 않았는데,

예전 나의 친구가 이런 일을 행했느니라.

曾子曰,

以能問於不能, 以多問於寡,

有若無 實若虛, 犯而不校,

昔者吾友 嘗從事於斯矣.

군자다운 사람

증자가 말하기를,

어린 임금을 맡길 수 있고, 한 나라를 맡길 만하며,

나라가 어려운 일을 당하여도 마음을 빼앗기지 않는다면,

군자다운 사람인가?

참으로 군자다운 사람이니라.

曾子曰,

可以託六尺之孤, 可以寄百里之命,

臨大節而不可奪也, 君子人與?

君子人也.

선비와 어짊에 관하여

증자가 말하기를,

선비는 도량이 넓고 마음이 꿋꿋해야 하니,

그 책임이 중대하고 갈 길은 멀기 때문이다.

인을 베푸는 것을 자기의 맡은 바로 삼았으니,

역시 책임이 무겁지 아니한가.

죽은 다음에야 끝이 나니 또한 갈 길이 멀지 아니한가.

曾子曰,

士不可以不弘毅, 任重而道遠.

仁以爲己任, 不亦重乎.

死而後已 不亦遠乎.

태백

두려워해야 할 것

공자께서 말씀하시기를,
배움에 미치지 못한 것같이 배우고
오히려 배운 것을 잊어버릴까 두려워하라.

자 왈
子曰,
학 여 불 급   유 공 실 지
學如不及 猶恐失之.

공자가 하지 않은 네 가지

공자께서는 네 가지를 절대 안 하셨다.
사사로운 뜻을 가지는 일이 없고,
꼭 하겠다고 장담하시는 일이 없고,
고집하는 일이 없고,
자신만을 생각하는 일이 없으셨다.

자 절 사 . 무 의 , 무 필 , 무 고 , 무 아 .
子絶四. 毋意, 毋必, 毋固, 毋我.

인자무적 '인자한 사람에게는 적이 없다'라는 뜻으로 『맹자』의 「양혜왕장구상」 편에서 유래하였어요. 결국 '어진 정치를 실천한 군주는 자연히 백성이 따르게 마련이며, 비록 전쟁이 일어나더라도 민심이 떠나지 않아 총칼로도 어찌할 수 없다'라는 의미를 담고 있는 것이지요.

덕을 좋아하는 사람

공자께서 말씀하시기를,

나는 아직까지는 아름다운 여인을 좋아하는 것같이

덕을 좋아하는 사람을 보지 못하였노라.

子曰,

吾未見好德如好色者也.

젊은 후배들은 두려워할 만하다

공자께서 말씀하시기를,

후배들이란 두려운 것이니,

그들이 지금의 우리만 못하리란 것을 어찌 알 수 있겠는가?

마흔, 쉰이 되어서도 이름이 알려지지 않는다면,

그는 두려워할 만한 사람이 못된다.

子曰,

後生可畏 焉知來者之不如今也?

四十五十而無聞焉 斯亦不足畏也已.

 두려워할 만한 소년의 총명함

공자가 동부 지방을 돌아다니던 때였어요. 우연히 형산 주변에서 놀고 있던 세 명의 소년과 맞닥뜨렸어요. 그런데 소년들의 노는 모습이 조금 이상했어요. 두 아이는 신나게 놀고 있는데 한 아이는 혼자 옆에 떨어져 있었어요.

이 모습을 의아하게 여긴 공자가 홀로 있는 소년에게 물었어요.

"너는 왜 저 아이들과 떨어져 홀로 있느냐?"

"놀다 보면 서로 잡아당기고 시끄럽게 놀게 되는데 그리하면 위험할 때가 많습니다. 몸을 다치지 않더라도 옷이 찢어지거나 더러워지기도 합니다. 도움이 되지 않는 일을 무엇하러 하겠습니까?"

그러고는 잠시 후, 그 소년은 혼자 흙으로 성을 쌓아 올리더니 그 위에 걸터앉았어요. 소년이 쌓아 올린 그 성 때문에 공자의 수레가 지나가지 못하게 되었어요.

공자는 소년에게 다시 물었어요.

"아니, 아이야. 왜 수레가 지나가지도 못하게 막아섰느냐?"

그러자 소년이 당돌하게 대답했어요.

"수레가 사람을 피해 간다는 말은 들어 봤어도 사람이 수레를 피한다는 말은 들어 본 적 없습니다."

공자는 소년이 흙으로 쌓아 놓은 성을 돌아서 지나가는 수밖에 없었어요. 그런데 생각해 볼수록 소년의 말이 의미심장하게 느껴진 공자는 가던 길을 멈추고 돌아가 소년을 불러 이름을 물었어요. 그러고는 어린 나이에도 불구하고 영특하다며 칭찬을 하자 소년은 나이가 어리다는 말이 불쾌하다는 듯 말했어요.

"물고기는 알을 깨고 나온 지 3일이면 강과 바다를 헤엄치고, 토끼는 태어난 지 3일이면 넓은 들판을 이리저리 뛰어다니고, 말은 태어난 지 3일이면 어미를 따를 줄 알며, 사람은 태어난 지 3개월이면 제 어머니와 아버지를 구별할 수 있다고 했습니다. 천지 만물이 이러한데 어찌 제 나이가 어리다며 이리 호들갑을 떠십니까?"

소년의 말을 들은 공자는 매우 놀라며 말했어요.

"그래, 내 이제야 어린 아이들의 총명함이 무섭다는 걸 깨달았구나!"

후생가외 '나중에 태어난 사람은 두려워할 만하다'는 뜻이에요. 공자는 나이가 마흔이 넘도록 이름을 떨치지 못한 사람은 두려워할 사람이 못된다고 말했어요. 그러나 젊은이들은 자신을 뛰어넘을 정도로 무한한 가능성을 가지고 있다며 큰 기대감을 가졌어요.

뺏을 수 없는 것

공자께서 말씀하시기를,

대군에서 그 장수를 빼앗을 수는 있을지언정,

굳게 다져진 필부의 뜻은 빼앗을 수가 없느니라.

子曰,
자 왈

三軍可奪帥也, 匹夫不可奪志也.
삼 군 가 탈 수 야   필 부 불 가 탈 지 야

필부필부 필부(匹夫)와 필부(匹婦)는 각각 한 사람의 남자와 한 사람의 여자를 뜻해요. 평범한 사람을 필부라고 하는데 필부필부는 이 둘을 엮어 평범한 남녀를 뜻하는 말이에요. 비슷한 말로는 갑남을녀, 장삼이사, 우부우부 등이 있어요.

자한

세 종류의 사람

공자께서 말씀하시기를,

지혜로운 사람은 미혹되지 않고,

어진 사람은 근심하지 않고,

용기 있는 사람은 두려워하지 않느니라.

子曰,
자 왈

知者不惑, 仁者不憂, 勇者不懼.
지 자 불 혹   인 자 불 우   용 자 불 구

예절이란 이런 것

임금이 불러 손님의 접대를 명하시면 급히 안색을 긴장하시며 걸음도 조심하셨다. 손님과 마주 읍(두 손을 가슴 앞에 마주잡고 고개를 숙이는 인사)을 하실 때에는 두 손을 조심스럽게 올리셔서 옷의 앞자락과 뒷자락을 가지런히 움직이셨다.

빨리 걸어가실 때에는 마치 새가 날개를 편 듯 두 팔을 곧게 펴셨다. 손님이 물러간 뒤에는 반드시 "손님은 뒤를 돌아보지 않았나이다." 하고 복명(보고)하셨다.

군 소 사 빈 색 발 여 야 족 각 여 야
君召使擯 色勃如也 足躩如也.

읍 소 여 립 좌 우 수 의 전 후 첨 여 야
揖所與立 左右手 衣前後 襜如也.

추 진 익 여 야 빈 퇴 필 복 명 왈
趨進 翼如也 賓退 必復命曰.

"빈 불 고 의."
"賓不顧矣."

사람이 제일 중요

마구간에 불이 난 적이 있었는데,
공자께서 조정에서 물러 나와 말씀하시기를
"사람이 다쳤느냐?" 하시고,
말에 대해서는 물어 보지 않으셨다.

廏焚, 子退朝曰,
"傷人乎?", 不問馬.

 잠을 잔 호위병

북송에 뛰어난 장수로 이름난 장영이란 사람이 있었어요.
어느 날, 일을 마치고 궁에서 돌아온 장영은 자신의 집 별당에서 잠을 자고 있는 호위병을 보았어요. 하지만 장영은 곯아떨어져 있는 호위병을 나무라지 않고 인자하게 물었어요.
"네 집에 무슨 일이라도 있는 게냐? 많이 피곤해 보이는구나."
그러자 호위병이 머리를 조아리며 대답했어요.

"실은 형이 집을 나간 후 연락이 끊겼습니다. 게다가 어머니마저 병석에 누우신 지 오래입니다."

장영은 사람을 보내 호위병의 말이 사실인지를 확인했어요. 호위병의 말대로 그의 어머니는 병을 앓고 있었고 그의 형 역시 연락이 끊긴 지 오래였어요. 장영은 즉시 시종을 시켜 호위병의 어머니를 간병하도록 했어요.

그 모습을 보고 주위 사람들이 물었어요.

"나리, 어찌 호위병을 꾸짖지 않으시고 집안의 안부를 물으신 겁니까?"

"누구라도 내 별당에서 멋대로 잠을 자선 안 된다는 걸 알고 있을 것이다. 그럼에도 불구하고 호위병이 별당에서 잠을 잤다면 그건 필시 무언가 문제가 있어서 그런 것 아니겠느냐? 그래서 먼저 이유를 물었던 것이다."

임금에 대한 예의

임금께서 음식을 내리시면 반드시 자리를 바로 하고 먼저 맛을 보셨다. 임금께서 날고기를 내리시면 반드시 익혀서 조상께 올리셨다. 임금께서 산 짐승을 내리시면 반드시 기르셨다.

임금을 모시고 식사를 하실 때에는 임금께서 제식(식사하기 전에 조상에게 먼저 바친다는 뜻으로 음식을 조금 떼어 던지는 일)을 올리시면 먼저 맛을 보셨다. 병환 중에 임금께서 문병을 오시면 머리를 동쪽으로 두고 예복을 덮으시고 띠를 그 위에 올려놓아 예의를 지키셨다. 임금께서 명을 내리시면 수레가 준비되기를 기다리지 않고 즉시 떠나셨다.

군 사 식 필 정 석 선 상 지
君賜食 必正席先嘗之.

군 사 성 필 숙 이 천 지   군 사 생 필 휵 지
君賜腥 必熟而薦之. 君賜生 必畜之.

시 식 어 군 군 제 선 반
侍食於君 君祭先飯.

질 군 시 지 동 수 가 조 복 타 신
疾 君視之 東首 加朝服拖紳.

군 명 소 불 사 가 행 의
君命召 不俟駕行矣.

수레를 타고 갈 때

수레에 올라가실 때에는

반드시 똑바로 서서 고삐를 단단히 잡으셨다.

수레 안에서는 두리번거리지 않으셨고

말씀을 빨리 하지 않으시며,

직접 손가락질하지 않으셨다.

升車 必正立 執綏,

車中不內顧 不疾言, 不親指.

공자의 제자들

공자께서 말씀하시기를,

진나라와 채나라에 있을 때 나를 좇던 자들이

지금은 모두 나의 문하에 없구나.

덕행으로 뛰어났던 자는 안연·민자건·염백우·중궁이고,

언어로 뛰어났던 자는 재아와 자공이며,

정치에 뛰어났던 자는 염유와 계로이고,

문학으로 뛰어났던 자는 자유와 자하이니라.

子曰,

從我於陳蔡者 皆不及門也.

德行 顔淵·閔子騫·冉伯牛·仲弓,

言語 宰我·子貢,

政事 冉有·季路, 文學 子游·子夏.

참된 스승, 공자

어느 날 혜자가 공자의 제자인 자공에게 물었어요.

"당신의 스승 주위엔 참 잡다한 사람들이 많이 있군요. 도대체 왜 그런 것입니까?"

공자가 제자를 받아들일 때 그 사람의 가문이나 집안의 좋고 나쁨, 가난한 것과 부자를 가리지 않아서 공자의 제자 중에 가난하고 배운 게 많지 않은 사람들이 많다는 것을 비꼬아 하는 말이었어요.

그러자 자공이 대답했어요.

"스승님께서는 배우기를 원하는 사람은 거절하지 않으시고 자신을 떠나려는 이들을 붙잡지도 않습니다. 누구든 배울 수 있고 누구든 그만둘 수 있는 것이지요. 이렇게 언제나 문이 열려 있으니 당연히 배우려는 사람들이 많지 않겠습니까? 의술이 뛰어난 의사의 집 앞에 환자가 많은 것이 당연하고 뛰어난 기술을 가진 목수 주변에 다른 목수들은 쓸 수도 없는 굽은 나무가 많은 것이 당연한 것 아니겠습니까?"

자공의 대답에는 가르침에 차별이 없다는 공자의 교육 방침이 고스란히 드러나 있어요. 실제로 공자의 제자 중에는 가난하고 천한 집안의 출신들이 많이 있었어요.

공자의 제자 중 안회라는 사람은 가난한 탓에 밥 한 공기에 물만 먹고 살았고 천민이었던 염옹은 송곳 하나 꽂을 만한 작은 땅조차 없었어요. 또 자로는 관직에서 물러났고 원헌은 흙으로 짓고 풀로 지붕을 엮은 집에서 살았어요. 비라도 내리는 날에는 물이 줄줄 샜는데 그 집에서 노래를 부르며 지냈어요. 한편, 다 낡은 옷을 입고 지냈던 증자의 얼굴은 부스럼 투성이에다 손발은 굳은 살이 박혀 있었고 공야장은 감옥에 갇혀 지내기도 했어요.

이렇듯 이들은 모두 가난하고 소외된 사람들이었지만 공자는 그들이 배우기를 원한다면 그들을 위한 교육을 포기하지 않았어요. 오히려 그들은 공자의 신임을 받는 훌륭한 제자가 되었어요.

그뿐만이 아니었어요. 공자는 나쁜 짓을 하거나 행실이 바르지 못한 사람들도 제자로 받아들였어요. 공자의 가르침을 받은 그들은 자신들이 저지른 나쁜 짓을 뉘우치고 사회를 위해 열심히 일하는 사람이 되었어요.

그중에서 공자의 제자 안탁취는 도둑으로 이름을 날리던 자였어요. 또한 자로 역시 공자의 제자가 되기 전에는 사람들이 모두 흉을 보는 악인이었어요. 자로에 대한 이야기는 『사기』의 「중니제자열전」에 이렇게 기록되어 있어요.

자로는 수탉의 깃털로 관을 만들어 머리에 쓰거나 수퇘지의 가죽으로 주머니를 만들어 허리에 차고 다니며 공자를 업신여겼다. 하지만 공자가 언제나 자신에게 예의를 갖춰 대하자 훗날 그의 제자가 되어 배우기를 청했다.

도둑이었던 안탁취는 공자의 가르침을 받고 훗날 위나라와 제나라에서 관직에 올랐고 자로는 공자가 아끼는 제자 중 하나가 되었어요.

배우기를 좋아한 제자 안회

계강자가 묻기를,

"제자들 중에서 누가 배우기를 좋아합니까."

공자께서 대답하시기를,

"안회라는 사람이 배우기를 좋아하더니

불행하게도 명이 짧아 죽은지라 지금은 없소."

^{계 강 자 문}
季康子問,

"^{제 자 숙 위 호 학}
弟子孰爲好學."

^{공 자 대 왈}
孔子對曰,

"^{유 안 회 자 호 학   불 행 단 명 사 의   금 야 즉 무}
有顔回者好學 不幸短命死矣 今也則亡."

쓸모 있는 한 마디

노나라 사람들이 장부(창고)를 다시 지으려고 하자

민자건이 말하기를,

"옛것을 그대로 쓰면 어떠하여서 다시 지으려는가."

이를 듣고 공자께서 말씀하시기를,

"저 사람은 좀처럼 말을 하지 않지만

말을 하게 되면 반드시 이치에 맞느니라."

魯人爲長府 閔子騫曰,

"仍舊貫 如之何 何必改作."

子曰, "夫人不言 言必有中."

선진

중용이란

자공이 사(자장)와 상(자하) 중에 누가 더 현명한가를 물었다.

공자께서 말씀하시기를, "사는 과하고 상은 미치지 못하느니라."

자공이 묻기를, "그러면 사가 낫다는 말씀입니까."

공자께서 말씀하시기를, "과함과 미치지 못함은 마찬가지니라."

子貢問 師與商也 孰賢,

子曰, "師也過 商也不及."

曰, "然則師愈與."

子曰, "過猶不及."

지나침은 모자람과 같다

춘추 시대의 노나라에는 계문자라는 재상이 있었어요. 어떤 일이든 앞뒤를 꼼꼼히 살피고 상황을 정확하게 판단해 고민한 뒤 결정을 내리는 신중하기로 소문난 재상이었어요.

그런 계문자를 보고 사람들이 말했어요.

"노나라의 계문자는 세 번 생각한 뒤 행동하는 인물이로군. 그의 신중함은 칭찬받아 마땅하다."

어느 겨울, 계문자가 진나라를 방문할 준비를 하고 있었어요. 계문자는 진나라로 향하기 전 사람을 시켜 물었어요.

"노나라에 초상을 당한 사람이 있는지 알아보아라. 만일 초상을 당한 사람이 한 사람이라도 있다면 상이 끝난 뒤 출발하도록 하는 것이 좋겠다."

그러자 이를 듣고 있던 계문자의 신하가 물었어요.

"아니, 나리. 그것까지 따지고 출발할 필요가 있겠습니까?"

그러자 계문자가 대답했어요.

"옛부터 조상들께서는 항상 예상치 못한 일에도 미리 준비하라고 가르치셨다. 준비 없이 아무것도 모른 채 갔다가 허둥대는 것보다는 조금 늦더라도 미리 준비하여 가는 것이 훨씬 낫지 않겠느냐?"

공자와 계문자는 같은 시대 사람이 아니었어요. 공자가 태어났을 때는 이미 계문자가 죽은 지 10년이 흐른 뒤였어요.

공자는 계문자의 이야기를 듣고 계문자의 행동이 옳기만 한 것은 아니라며 말했어요.

"두 번이면 족하다. 계문자는 지나칠 정도로 신중했다. 주변에 얽힌 여러 가지 관계를 세밀하게 따진 덕분에 사람들로부터 칭송받기도 했지만 그만큼 실수를 저지르기도 했다. 이는 계문자가 일을 대할 때 '세 번 생각한 뒤에 행동'하던 지나친 신중함 때문이다. 너무 많은 생각은 오히려 쓸데없는 의문만 만들어서 결정을 내리기 힘들게 만드는 것이다."

이렇듯 공자는 지나치거나 모자라지 아니하고, 한쪽으로 치우치지도 아니한 중용을 중요하게 여겼어요.

과유불급 지나친 것은 모자란 것과 같다는 뜻이에요. 공자가 "지나친 것은 미치지 못한 것과 같다"고 말한 데서 과유불급이란 말이 유래되었고 이 말은 중용의 중요함을 이르는 말로 쓰여요.

학문의 길, 상업의 길

공자께서 말씀하시기를,

회(안연)는 그 학문이 도에 가까웠으나

가난하여 쌀뒤주가 자주 비었느니라.

사(자공)가 운명을 거스르고 재물을 불릴 수 있었던 것은

예측이 잘 적중되었기 때문이니라.

子曰,
회 야 기 서 호   루 공
回也其庶乎 屢空.
사 불 수 명   이 화 식 언   억 즉 루 중
賜不受命 而貨殖焉 億則屢中.

선진

선인이 되는 길

자장이 선인이 되는 길에 대하여 묻자 공자께서 말씀하시기를,
옛 성현의 가르침과 업적을 따라가지 않으면,
높은 경지에 쉽게 들어갈 수 없느니라.

子張問善人之道 子曰,
不踐迹, 亦不入於室.

군자와 외모

공자께서 말씀하시기를,
말하는 바가 믿을 만하다고 해서 그가 군자다운 사람이겠는가,
외모만 그럴듯한 사람이겠는가.

子曰,
論篤是與 君子者乎, 色莊者乎.

겉모습보다 내면이 더 중요하다

등애는 어렸을 때 부모님을 잃고 소를 치며 겨우 입에 풀칠을 하면서 살아가던 인물이었어요. 등애는 사람 앞에서 무슨 말이라도 하려고 하면 얼굴이 새빨개지며 말도 더듬었어요. 그런 그가 관직에 오르리라고는 아무도 생각하지 않았고 모두들 그를 무시했어요.

하지만 등애는 어렸을 때부터 군사를 지휘하는 법을 담은 병서를 많이 읽었고 군사가 숨어서 공격하기 좋을 만한 위치를 살

선진

피는 것을 좋아했어요. 그는 높은 산이나 우거진 숲, 험한 땅의 모습을 볼 때면 비록 더듬거리기는 했지만 항상 자신의 의견을 내놓았어요.

"이, 이곳은 따, 땅의 모양이 허, 험해서 벼, 병사들이 몸을 수, 숨기기에 좋은 곳이라 저, 적들이 함부로 고, 공격하지 모, 못할 것입니다."

사람들은 그런 등애를 보며 비웃었어요.

"말도 제대로 못하는 자가 무얼 해 보겠다고 저러는지 원. 헛꿈만 꾸고 있군."

하지만 그런 등애의 재능을 알아본 사마의는 차별 없이 대하며 그를 받아들였어요. 덕분에 등애는 높은 벼슬까지 올라 훗날 촉나라를 멸망시키기도 했어요. 바로 위·촉·오로 나뉘어 있던 삼분천하를 무너뜨린 장본인이었지요.

사마의 (179 ~ 251) 중국 삼국 시대 위나라의 정치가이자 군략가이며, 그의 최대의 라이벌인 제갈량과의 치열한 지략 싸움 끝에 결국 제갈량의 북쪽 지방을 치려는 계획을 막아 냈던 인물이에요. 위나라의 승상이 되어 막대한 권력을 손에 넣었고 훗날 진나라를 세우는 데 기초를 세웠으며 그의 손자인 사마염이 진나라를 세우게 되었어요.

자기를 극복하고 예로 가는 길

안연이 인에 대하여 묻자 공자께서 말씀하시기를

"자기를 극복하고 예에 돌아감이 곧 인이 되는 것이니, 하루만이라도 자기를 극복하여 예로 돌아가게 된다면 온 천하가 다 인에 따르게 될 것이니라. 인이 되는 것은 자신에게 달린 것이지 어찌 남에게 달린 것이겠는가."

안연이 말하기를

"그 자세한 방법을 말씀하여 주시기 바라나이다."

공자께서 말씀하시기를

"예가 아니면 보지 말고, 예가 아니면 듣지 말고, 예가 아니면 말하지 말고, 예가 아니면 움직이지 말라."

안연이 말하기를

"제가 비록 우둔하오나 그 말씀을 받들어 실천하겠습니다."

_안 _연 _문 _인   _자 _왈
顔 淵 問 仁   子 曰

"_극 _기 _복 _례 _위 _인
"克 己 復 禮 爲 仁,

一日克己復禮 天下歸仁焉 爲仁由己.

而由人乎哉."

顔淵曰,

"請問其目."

子曰,

"非禮勿視, 非禮勿聽,

非禮勿言, 非禮勿動."

顔淵曰,

"回雖不敏 請事斯語矣."

극기복례 자신을 극복하여 예를 따르라는 뜻이에요. 공자의 제자인 안연이 공자에게 인에 대해 묻자 공자는 '나를 이기고 예로 돌아감이 인이 된다'고 하였어요. 이 말에서 극기복례가 유래되었어요.

말을 조심하는 것이 인

사마우가 인에 대하여 묻자 공자께서 말씀하시기를

"어진 자는 말을 조심하느니라."

다시 묻기를

"말을 조심하면 곧 인이 이루어진다고 하시는 말씀입니까."

공자께서 말씀하시기를

"실천하기가 어려울 것이니 말을 조심하지 않을 수 있겠는가."

司馬牛問仁 子曰,

"仁者 其言也訒."

曰 "其言也訒 斯謂之仁矣乎."

子曰 "爲之難 言之得無訒乎."

스스로 흠이 없는 것

사마우가 군자에 대하여 묻자 공자께서 말씀하시기를

"군자는 근심하지 않고 두려워하지도 않는다."

다시 묻기를

"근심하지 않고 두려워하지도 않는다면

이를 곧 군자라 이른다는 말씀입니까."

공자께서 말씀하시기를

"스스로 마음을 반성하여 흠이 없다면

어찌 근심하고 두려워할 것이 있으리오."

司馬牛問君子 子曰,

"君子 不憂不懼."

曰 "不憂不懼 斯謂之君子矣乎."

子曰 "內省不疚 夫何憂何懼."

총명한 것이란

자장이 밝음(총명함)에 관해서 묻자 공자께서 말씀하시기를, 물이 스며드는 듯한 참소(남을 헐뜯어서 죄가 있는 것처럼 꾸며 윗사람에게 고하여 바침)와 피부를 자극하는 하소연이 통하지 않는다면 밝다고 할 수 있느니라. 은근히 스며드는 참소와 피부를 자극하는 하소연이 통하지 않는다면 멀리 내다본다고 말할 수 있느니라.

子張問明 子曰,
浸潤之讒 膚受之愬
不行焉 可謂明也已矣.
浸潤之讒 膚受之愬
不行焉 可謂遠也已矣.

총명함으로 목숨을 구한 문언박

송나라의 인종은 나이를 먹어서 정신병을 앓았어요. 정신병을 앓은 후에 인종은 갑작스럽게 난폭해질 때가 있어서 사람들은 언제 인종이 화를 낼지 몰라 두려워했어요.

그때, 훌륭하기로 소문난 문언박과 마음씨가 그리 좋지 못했던 유항이 송나라의 재상을 맡고 있었어요.

어느 날 밤, 문언박이 나랏일을 돌보느라 밤을 새며 궁 안에서 머물고 있을 때였어요. 갑자기 왕소가 궁궐로 찾아와 다급히 문언박을 찾았어요.

그러자 문언박이 불쾌하다는 듯 말했어요.

"지금이 몇 시라고 감히 한밤중에 궁을 찾아와 문을 두드리는 것이냐? 어서 돌아가거라."

하는 수 없이 왕소는 터덜터덜 집으로 돌아가야만 했어요.

다음 날, 왕소는 이른 아침에 다시 궁을 찾아와 문언박과 궁 안의 대신들에게 어젯밤에 있었던 일을 털어놓았어요.

"실은 어젯밤, 금군의 병사 하나가 저를 찾아와 금군의 우두머리인 도오후가 모반을 꾀하려 한다는 이야기를 해 주었습니다."

그 소식을 듣게 된 대신들이 깜짝 놀라 당장 도오후를 잡아들여야 한다고 했어요. 하지만 문언박의 생각은 달랐어요. 문언박은 그렇게 했다가는 일이 커질 뿐만 아니라 백성들도 불안해할 것이라 생각하여 도오후를 잡아들이는 대신 금군의 지휘자인 허회덕을 불렀어요.

"자네가 보기에 도오후는 어떤 사람인 것 같소?"

문언박의 물음에 허회덕이 대답했어요.

"도오후는 금군 중에서도 가장 충성스럽고 정직한 사람입니다."

"그대가 한 말에 책임을 질 수 있소?"

"물론입니다."

허회덕의 답을 듣고 난 문언박은 곰곰이 생각하더니 대신들을 불러 모아 말했어요.

"이 사건은 분명히 도오후에게 원한을 갖고 있는 누군가가 모함한 것이오. 모함한 그자를 반드시 잡아 참수를 해야 할 것이오."

대신들은 모두 문언박의 말에 찬성했어요.

잠시 후, 문언박이 모함한 자를 참수한다는 문서에 서명하려는데 갑자기 옆에 있던 한 대신이 문언박에게 눈짓을 주었어요. 그러자 문언박은 그 뜻을 알았다는 듯 고개를 끄덕이고 같은 재상인 유항에게 문서를 내밀며 말했어요.

"그대가 내 대신 이곳에 서명을 해 주게."

얼마 뒤, 정신병을 앓던 인종의 증세가 점점 나아지자 유항은 이때를 노리고 문언박에 대해 모함을 하기 시작했어요.

"폐하, 요새 문언박의 콧대가 하늘 높은 줄 모릅니다. 들어 보십시오. 폐하께서 병세가 심해 누워 계실 때, 모반을 고발한 한 병사가 있었는데 그 병사를 폐하의 명령도 없이 참수했지 뭡니까?"

유항의 말은 문언박이 모반을 꾀한 주도자라고 말한 것이나 다름없었어요. 인종이 유항의 말을 듣고 미심쩍어 하면서도 문언박을 불러 물었어요.

"내 듣기로 문언박 그대가 병사를 참수했다고 들었소. 정말 그대가 혼자서 멋대로 한 일이오?"

인종의 말에 문언박은 유항이 서명했던 처형 문서를 보여 주었고 인종의 의심을 거둘 수 있었어요. 만약 유항의 서명을 받아 두지 않았더라면 문언박은 모반을 꾀했다고 몰려, 하마터면 목숨을 잃었을지도 모르는 일이었어요.

가장 먼저 버려야 할 것

자공이 정사에 관하여 묻자 공자께서 말씀하시기를
"식량을 풍족히 하고, 군비를 충족하게 하여
백성이 믿게 하여야 하느니라."
자공이 다시 묻기를
"부득이하여 버려야 한다면
이 셋 중에서 어느 것을 먼저 버려야 합니까."
말씀하시기를
"군비를 버려야 하느니라."
자공이 묻기를
"또 부득이하여 버려야 한다면
나머지 둘 중에서는 어느 것을 먼저 버려야 합니까."
말씀하시기를
"식량을 버려야 하느니라.
예로부터 사람에게는 다 죽음이 있기 마련이거니와
백성의 믿음이 없으면 나라가 서지 못하는 법이니라."

자공문정 자왈,
子貢問政 子曰,

"족식 족병 민신지의."
"足食 足兵 民信之矣."

자공왈
子貢曰

"필부득이이거 어사삼자 하선."
"必不得已而去 於斯三者 何先."

왈 "거병."
曰 "去兵."

자공왈
子貢曰

"필부득이이거 어사이자 하선."
"必不得已而去 於斯二者 何先."

왈
曰

"거식. 자고개유사 민무신불립."
"去食. 自古皆有死 民無信不立."

학문과 예의 그리고 도

공자께서 말씀하시기를,

학문을 널리 배우고 예로써 단속하면

가히 도에서 벗어나지 아니하리라.

子曰,
자 왈

博學於文 約之以禮
박 학 어 문 약 지 이 례

亦可以弗畔矣夫.
역 가 이 불 반 의 부

반대인 군자와 소인

공자께서 말씀하시기를,
군자는 남의 좋은 점을 키워 주고 나쁜 점을 키우지 않으나
소인은 이와 반대이다.

子曰,
君子成人之美 不成人之惡
小人反是.

사람을 사랑하는 것이 인

번지가 인에 대하여 묻자 공자께서 말씀하시기를
"사람을 사랑하는 것이니라."
앎에 대해서 묻자 공자께서 말씀하시기를
"사람을 알아보는 것이니라."
번지가 말뜻을 알아듣지 못하자 공자께서 말씀하시기를
"정직한 사람을 뽑아서 정직하지 않은 사람 위에 두면, 정직하지 못한 사람을 정직하게 만들 수 있느니라."
번지가 물러 나와 자하를 만나서 말하기를
"조금 전에 선생님을 뵈옵고 앎에 대하여 여쭈어 보았더니, 정직한 사람을 뽑아서 정직하지 못한 사람의 위에 두면 정직하지 못한 사람을 정직하게 할 수 있다고 하셨는데 그게 무슨 뜻이오?"
자하가 말하기를
"뜻이 넓고 큰 말씀이오. 순 임금께서 천하를 다스릴 때 여러 사람 중에서 어진 고요를 골라 등용하시니 어질지 아니한 자가 멀리 사라졌으며, 탕왕께서 천하를 다스릴 때 여러 사람 중 어진 이윤을 골라 등용하시자 어질지 아니한 사람이 멀리 사라져 버렸소."

樊遲問仁 子曰 "愛人."

問知 子曰 "知人."

樊遲未達 子曰

"擧直錯諸枉 能使枉者直."

樊遲退 見子夏曰

"鄕也 吾見於夫子而問知,

子曰

擧直錯諸枉 能使枉者直 何謂也?"

子夏曰 "富哉 言乎.

舜有天下 選於衆 擧皐陶 不仁者遠矣,

湯有天下 選於衆 擧伊尹 不仁者遠矣."

벗을 사귀는 것

자공이 벗을 사귀는 것에 관하여 묻자 공자께서 말씀하시기를,
진실한 마음으로 잘못을 일러 주고
착함을 권하여서 잘 이끌어 주되,
그래도 방법이 없다면 그만둘 일이지
자기까지 욕을 보지는 말아라.

子貢問友 子曰,
忠告而善道之,
不可則止 無自辱焉.

군자와 학문과 벗

증자가 말하기를,

군자는 학문으로 벗을 모으고, 벗을 통해 인을 늘려야 하느니라.

증자왈,
曾子曰,

군자 이문회우, 이우보인.
君子 以文會友, 以友輔仁.

유유상종 비슷한 사람끼리 모인다는 뜻을 가지고 있어요. 옛날 제나라의 선왕이 순우곤에게 각 지방에 흩어져 있는 인재를 찾아 등용하도록 했어요. 며칠 뒤 순우곤은 일곱 명이나 되는 인재를 데리고 와 "같은 종의 새가 무리지어 살 듯, 인재도 끼리끼리 모입니다"라고 했다는 이야기가 전해져요. '끼리끼리' 또는 '초록은 동색'이란 말과 비슷한 의미예요.

정치에 관하여

자로가 정치에 관하여 묻자 공자께서 말씀하시기를,
먼저 앞장서서 수고하는 것이니라.
더 청하여 묻자 말씀하시기를,
게을리하지 말아야 한다.

子路問政 子曰,
先之勞之.
請益 曰,
無倦.

 **공자의 뜻을 따른 정치인 염옹**

중궁의 이름은 염옹이었어요. 염옹은 가난한 평민 출신이었지만 공자는 결코 염옹을 깔보는 법이 없었어요. 오히려 염옹의 뛰어난 덕과 스스로를 돌아볼 줄 아는 능력을 높이 평가하여 훗날

높은 관직에 오를 것이라 믿었어요. 공자는 이런 비유를 들어 염웅을 칭찬했어요.

"얼룩덜룩하고 못생긴 소가 새빨갛고 뿔이 가지런하게 돋은 송아지를 낳았다고 하자. 송아지의 어미가 못생기고 천한 소라고 해서 그 잘생긴 송아지를 제사용으로 사용하지 않는다면 산천의 신령들이 그 훌륭한 송아지를 가만히 놔두겠느냐?"

어느 날, 염웅이 나랏일을 어떻게 처리해야 하는지 공자에게 물어보았어요. 그러자 공자는 나라를 다스리는 법을 설명했는데 그 내용은 바로 '자기가 하고 싶지 않은 일을 남에게 시키지 말아야 한다'는 것이었어요.

공자의 이야기를 듣고 난 후, 염웅은 겸손하게 말했어요.

"제가 비록 총명하지는 못하오나, 스승님의 가르침을 잘 실천하겠습니다."

올바름과 명령

공자께서 말씀하시기를,
그 자신이 바르면 명령을 내리지 않아도 실천이 되고,
그 자신이 바르지 않으면
비록 명령을 내린다 할지라도 따르지 않는다.

子(자)曰(왈),
其(기)身(신)正(정) 不(불)令(령)而(이)行(행)
其(기)身(신)不(불)正(정) 雖(수)令(령)不(부)從(종).

 ### 거짓에 넘어간 임금

전국 시대의 위나라에 방총이라는 신하가 있었어요. 그는 위나라 세자와 함께 조나라에 인질로 잡혀가게 되었어요.

방총은 끌려가기 전, 위나라 왕을 찾아가 말했어요.

"폐하, 만약 누군가 폐하 앞에 나타나 성 안에 호랑이가 나타났다고 하면 믿으시겠습니까?"

"성 안에 호랑이라니, 그런 말도 안 되는 소리가 어디 있나? 난 믿지 않을 것이네."

"그럼 또 다른 사람이 달려와 호랑이가 나타났다고 한다면 믿으시겠습니까?"

"글쎄, 그건 좀 생각해 봐야겠군."

"그럼 또 한 사람이 와서 같은 말을 한다면 그땐 어떻게 하시겠습니까?"

그러자 왕이 잠시 생각하더니 대답했어요.

"세 사람이나 그렇게 말했다면 정말로 호랑이가 나타난 게 아니겠느냐."

그러자 방총이 말했어요.

"성 안에 호랑이가 나타난 적은 없습니다. 폐하께서 호랑이가 나타났다는 말도 안 되는 말을 믿으신 건 많은 사람들이 그렇게 말했기 때문입니다. 이렇듯 전혀 사실이 아닌 것도 많은 이들이 주장하면 흔들릴 수밖에 없는 것이 사실입니다. 폐하, 이제 저는 세자 저하와 함께 먼 나라로 잡혀 갑니다. 폐하께서는 제가 있는 곳의 상황을 잘 모르시겠지요. 저와 세자 저하가 위나라를 떠나 있는 중에 분명 저와 세자 저하에 대해서 안 좋은 소리를 하는 이들이 있을 것입니다. 분명 거짓을 말하는 자가 세 사람보다 훨씬 많을 것입니다. 폐하, 그럼 그때도 그 거짓말을 믿으시겠습니까? 부디 폐하께서는 그들의 헛된 말을 믿지 마옵소서. 무사히 세자 저하가 왕위를 이어받을 수 있도록 말입니다."

방총의 간곡한 말에 왕은 입을 열었어요.

"그런 걱정하지 말게나. 절대 그럴 일은 없을 것이다."

방총은 왕의 다짐을 받은 뒤, 안심하고 세자와 함께 위나라를 떠났어요.

방총이 떠난 지 얼마 되지 않아, 방총의 말대로 신하 중 몇 명이 방총을 모함했어요. 방총이 지금의 왕을 없애고 세자를 새로운 왕으로 모실 계획을 세우고 있다는 것이었어요. 처음에 위나라 왕은 믿지 않았지만 점차 많은 사람들이 방총을 모함하자 결국 그들의 말을 믿어 버렸어요. 위나라 왕은 방총과 약속했던 것을 까맣게 잊고 세자를 위나라로 다시 불러들였고, 방총의 벼슬을 빼앗아 버렸어요. 그 뒤로 방총은 벼슬길에 두 번 다시 오르지 못했어요.

왕도 정치와 어짊

공자께서 말씀하시기를,

만일 왕도 정치를 하는 사람이 있을지라도

반드시 한 세대 이후에라야 세상이 인하여지리라.

子曰,

如有王者 必世而後仁.

정치의 기본

공자께서 말씀하시기를,

진실로 그 자신이 바르다면

정치를 하는 데에 있어서 무슨 문제가 있겠는가.

그 자신을 바로잡지 못한다면 어찌 남을 바로잡겠는가.

子曰,

苟正其身矣 於從政乎 何有.

不能正其身 如正人何.

사람을 모으는 것이 정치

섭공이 정치에 관하여 묻자 공자께서 말씀하시기를,
가까운 데 있는 사람들은 기뻐하고
먼 데서 사람들이 모여드는 것이니라.

葉公問政 子曰,
近者說 遠者來.

군자와 줏대

공자께서 말씀하시기를,
군자는 남과 화합은 하지만 줏대 없이 남의 의견을 따르지 않고,
소인은 남의 의견에 따르지만 화합은 하지 못하느니라.

子曰,
君子和而不同, 小人同而不和.

 의가 아니면 따르지 않았던 공자

기원전 510년, 노 소공이 나라에서 쫓겨나 나라 밖을 떠돌다 진나라에서 죽자 그의 동생이 왕위를 물려받았는데 그가 바로 노 정공이었어요. 당시 노나라의 권력은 계환자가 차지하고 있었는데 그의 신하인 중량회와 양호는 계환자를 떠받드는 척 하면서 계환자의 권력을 야금야금 갉아먹고 있었어요.

그중에서도 양호는 용맹스럽고 일을 딱 잘라서 결정하는 성격으로 커다란 야심을 품고 있었어요. 양호가 노나라에서 권력을 잡고 있는 동안 약한 나라였던 노나라는 점점 힘을 기르기 시작했어요.

어느 날, 계환자가 신하들을 초대해 연회를 베풀고 있었어요. 공자는 기쁜 마음으로 연회에 참석하려고 했지만 양호가 대문 앞을 가로막으며 이렇게 말하는 것이었어요.

"계환자가 초대한 손님 중에 당신은 포함되어 있지 않소."

양호는 당시 이름난 관리가 아니었던 공자에게 쌀쌀맞게 대했어요. 그때 공자의 나이는 열일곱 살이었어요. 어린 공자는 양호의 태도에 상처를 입고 되돌아갈 수밖에 없었어요.

세월이 흐르고 공자도 점차 성숙해지면서 사회적으로도 명성을 쌓기 시작했어요. 이때 양호는 온갖 수단과 방법을 동원해 공자를 자신의 편으로 끌어들이려고 했어요.

'지금 나라 곳곳에 명성을 떨치고 있는 공자가 우리 편이 된다면 더 쉽게 나라를 다스릴 수 있을 것이다. 공자의 명성을 이용한다면 내 세력이 더 강해질 수 있겠지.'

야심을 품은 양호는 사람을 시켜 푹 삶은 암퇘지 한 마리를 공자에게 선물로 보냈어요. 당시 노나라에서는 신분이 높은 사람으로부터 선물을 받으면 직접 찾아가서 감사의 인사를 올리는 풍습이 있었어요. 양호에게 선물을 받은 공자는 양호가 일부러 자신의 편에 끌어들이기 위해 꾀를 부렸다는 것을 눈치채고 양호가 없는 틈을 타 형식적으로 감사 인사를 드리기로 했어요. 그런데 돌아오는 길에 양호와 마주치고 말았어요.

양호는 공자에게 말했어요.

"이보게, 시간은 흘러가고 세월은 우리를 기다려 주지 않네. 그러니 재능을 헛되이 하지 말고 조정에 들어와 나와 함께 자네의 실력을 마음껏 발휘해 보는 건 어떤가?"

공자는 양호의 말에 겉으로 고개만 끄덕이고는 양호의 밑으로 들어가지 않았어요.

섬기기와 기쁨

공자께서 말씀하시기를,

군자는 섬기기는 쉬워도 기쁘게 하기는 어려우니라. 정도(정당한 도리)로써 기쁘게 하지 않으면 기뻐하지 않고, 사람을 부림에 있어서는 각기 그릇에 맞게 하느니라.

소인은 섬기기는 어려우나 기쁘게 하기는 쉬우니라. 정도가 아니더라도 기뻐하게만 하면 되고, 사람을 부림에 있어서는 모든 것을 다 해 주기를 바라느니라.

子曰, 君子 易事而難說也.

說之不以道 不說也,

及其使人也 器之.

小人 難事而易說也.

說之雖不以道 說也,

及其使人也 求備焉.

 ## 제대로 섬기는 법을 가르친 공자

공자의 제자인 자화의 이름은 공서적이었어요. 자화는 공자의 제자 가운데 제사를 지낼 때나 손님을 맞이할 때의 예의를 잘 알고 사람들을 대하는 법에도 능통했어요.

어느 날, 자화가 제나라 사신으로 떠나게 되어 그동안 자화의 어머니가 홀로 남게 되었어요. 그러자 자화의 친구인 염유가 공자에게 찾아가 부탁했어요.

"스승님, 홀로 남은 자화의 어머니를 위해 생활비를 보태 주셨으면 합니다."

그러자 공자는 흔쾌히 승낙했어요.

"그래, 쌀 여섯 말 넉 되를 가져다주어라."

이 대답을 듣고 염유가 다시 부탁했어요.

"스승님, 여섯 말 넉 되는 조금 적은 듯합니다. 좀 더 주시지요."

이번에도 공자는 흔쾌히 대답했어요.

"그럼 열여섯 말을 주어라."

공자의 대답을 듣고 염유는 자화의 어머니를 위해 쌀을 주었어요. 하지만 공자에게 허락을 받은 열여섯 말이 아니라 멋대로 덤을 얹어 육십 말을 갖다 주었어요. 이 사실을 알게 된 공자는 염유를 꾸짖는 대신 이렇게 말했어요.

"자화가 제나라로 떠날 때, 그는 좋은 말을 타고 가벼운 갖옷을 입고 있었다. 자화가 마음만 먹었으면 충분히 어머니를 봉양하고도 남았을 것이다. 우리는 우리의 도움이 간절히 필요한 사람을 도와줘야 한다. 자화는 이미 많은 재산을 갖고 있으니 그를 도와줄 필요가 있겠느냐?"

태연함과 교만

공자께서 말씀하시기를,

군자는 태연하지만 교만하지 않고,

소인은 교만하지만 태연하지 못하니라.

子曰,

君子泰而不驕, 小人驕而不泰.

선비의 모습

자로가 묻기를

"어떻게 하여야 선비라 할 수 있습니까."

공자께서 말씀하시기를

"서로 격려하고 기뻐하여 화목한 듯하면 선비라 이를 수 있으니,

친구에겐 정과 의로 격려하고,

형제와 기쁘게 화목해야 하느니라."

子路問曰,

"何如斯可謂之士矣."

子曰,

"切切偲偲 怡怡如也 可謂士矣,

朋友切切偲偲, 兄弟怡怡."

덕이 있는 사람과 말

공자께서 말씀하시기를,

덕이 있는 사람은 반듯한 말을 하지만,

말을 잘하는 사람이라 해서 반드시 덕이 있다는 것은 아니니라.

인한 사람은 반드시 용기가 있으나,

용기가 있는 사람이라고 해서 반드시 인하다는 것은 아니니라.

子曰,

有德者必有言, 有言者不必有德.

仁者必有勇, 勇者不必有仁.

어질지 않은 군자

공자께서 말씀하시기를,

군자이면서 어질지 않은 사람은 있겠으나,

소인이면서 어진 사람은 아직 없었느니라.

子曰,

君子而不仁者有矣夫,

未有小人而仁者也.

가난과 원망

공자께서 말씀하시기를,

가난하면서 원망하지 않기는 어렵고,

부자이면서 교만하지 않기 또한 쉬운 일이 아니니라.

子曰,
자 왈

貧而無怨難, 富而無驕易.
빈 이 무 원 난   부 이 무 교 이

군자와 소인의 위아래

공자께서 말씀하시기를,

군자는 고상한 데로 나가고, 소인은 세속적인 데로 나간다.

子曰,
군자상달, 소인하달.
君子上達, 小人下達.

학자와 학문

공자께서 말씀하시기를,
옛날의 학자들은 자기를 위해서 수양하였는데,
오늘날의 학자들은 남에게 보이고 출세하기 위해 하느니라.

子曰,
古之學者爲己, 今之學者爲人.

곡학아세 자기가 배운 것을 올바르게 펴지 못하고 그것을 굽혀 가면서 아부한다는 뜻으로, 배운 대로 행동하지 않고 바른 길에서 벗어난 학문으로 세상 사람에게 아부하여 출세하려는 태도나 행동을 가리키는 말이에요.

군자와 부끄러움

공자께서 말씀하시기를,

군자는 자신의 말이 행동보다 지나침을 부끄럽게 여기느니라.

子曰,
君子恥其言而過其行.

군자의 세 가지 도

공자께서 말씀하시기를,

"군자의 도 세 가지 중에 나는 할 수 있는 것이 하나도 없다.

인자(인한 사람)는 근심하지 않고,

지자(지혜로운 사람)는 사사로운 이익에 미혹되지 않고,

용자(용감한 사람)는 두려워하지 않느니라."

자공이 말하기를

"선생님께서는 스스로 겸손하게 말씀하십니다."

子曰,

"君子道者三 我無能焉. 仁者不憂,

知者不惑, 勇者不懼."

子貢曰 "夫子自道也."

미리 깨닫는 것

공자께서 말씀하시기를,
남이 속일 것이라 미리 경계하지 않고,
남이 믿지 않을 것이라 미리 짐작하지 않으면서,
일이 일어나기 전에 잘못을 깨닫는 사람이야말로
현명한 사람이니라.

子曰,
不逆詐, 不億不信,
抑亦先覺者 是賢乎.

지혜로운 사람

공자께서 말씀하시기를,

더불어 말할 만한 사람인데도 말하지 않으면 사람을 잃고,

더불어 말하지 않아야 하는데도 말하면 말을 잃는다.

지혜로운 사람은 사람도 잃지 않고 말도 잃지 않느니라.

子曰,
可與言而不與之言 失人,
不可與言而與之言 失言.
知者不失人 亦不失言.

 ### 과거의 일로 원한을 갖지 마라

한나라에 반초라는 인물이 살고 있었어요. 반초는 서쪽에 있는 많은 나라들을 설득해 한나라와 평화로운 관계를 맺을 수 있도록 하였어요. 하지만 반초가 아무리 설득해도 이를 따르지 않

는 나라가 있었으니 바로 구자국이란 나라였어요.

어느 날, 한나라와 친하게 지내던 오손국의 사자가 한나라의 도시인 장안을 찾아오자 한나라의 장제가 기뻐하며 맞이했어요. 장제는 오손국의 사자가 장안에 머무르는 동안 극진히 대접하고 사자가 오손국으로 돌아갈 때는 신하인 이읍을 시켜 사자가 안전히 돌아갈 수 있도록 했어요.

이읍이 오손국의 사자와 함께 우전이란 곳에 닿을 무렵이었어요. 갑자기 구자국이 소륵을 공격했다는 소식이 들려왔어요. 이 말에 잔뜩 겁을 먹은 이읍은 어쩔 줄 몰라 하다가 조정에 반초를 모함하는 상소를 올렸어요. 이읍이 올린 상소의 내용은 다음과 같았어요.

'반초는 한나라의 평화를 위해 주변 나라들을 설득하겠다고 주장했지만 지금 구자국이 소륵을 공격하는 일이 벌어졌습니다. 반초가 자신의 식구들만 보살피느라 정신을 딴 데 두고 있어 이러한 일이 터진 것입니다. 결국 오손국과 손을 잡고 구자국을 막아 보겠다고 했던 반초의 계획은 실패한 거나 다름없습니다.'

이읍이 자신을 모함했다는 소식을 들은 반초는 한숨을 내쉬며 말했어요.

"나는 의심을 받고도 당당하게 도를 수행했던 증자가 아니다. 증자처럼 담담하게 마음을 닦아야 할 터인데 나는 아직 수행이 부족해 앞으로 의심을 받을까 두렵기만 하구나."

반초는 즉시 자신의 죄가 없다는 주장을 담은 상소를 장제에게 올렸어요.

장제는 반초의 충성심을 믿고 있었어요. 그래서 반초를 모함한 이읍을 꾸짖었어요.

"반초가 정말 제 처자식만 살피며 주변 나라들을 돌보지 않았다면 반초 주변에 있던 사람들은 모두 떠나갔을 것이다. 그런데 반초 주변엔 수천 명의 사람들이 집으로 돌아가고 싶어 하기는커녕 반초 곁에 남아 있기를 원한다. 그러니 어찌 반초가 제 욕심만 챙겼다고 할 수 있겠느냐? 이읍 너는 당장 소륵으로 가서 반초를 도와라."

장제의 명령을 받은 이읍은 어쩔 수 없이 소륵으로 가야만 했어요. 소륵에 있는 반초를 만나러 가는 길에 이읍은 걱정이 되어 안절부절 못했어요.

'반초가 자신을 모함한 나를 가만두지 않을 텐데, 이를 어쩐다.'

하지만 이읍의 걱정과는 다르게 반초는 아무 일도 없었다는 듯 따뜻하게 맞이해 주었어요. 그뿐만이 아니었어요. 반초는 이읍이 맡고 있던 오손국의 사자를 호송하는 일은 다른 사람에게 넘기고 오손국의 왕이 낙양으로 가 한나라 황제인 장제를 만나도록 했는데, 오손국의 왕을 호위하는 일을 이읍에게 맡기는 것이었어요.

그러자 반초의 부하가 이해 못하겠다는 듯이 말했어요.

"저는 도무지 이해가 되지 않습니다. 이읍은 장군을 모함한 자입니다. 장군의 명예를 더럽힌 이자를 잡아 두고 벌을 주지는 않을 망정 오히려 안전한 낙양으로 돌려보내려 하시다니요."

그러자 반초가 대답했어요.

"내가 화가 난다고해서 이읍을 잡아 두면 그것이 충직한 신하의 모습이겠느냐? 이읍이 나를 모함했기 때문에 내가 이읍을 보내 주는 것이다. 이읍이 내 모함을 했다고 해도 두렵지 않다. 내가 나라를 위해 충성을 다했다는 것은 내 자신이 가장 잘 알기 때문이다. 그러니 이읍을 이곳에 잡아 두는 것은 세상 사람들에게 내 그릇이 좁다는 것만 알리는 꼴이 되지 않겠느냐?"

이 말을 들은 이읍은 반초의 넓은 마음에 감동하여 그 이후로 반초 밑에서 충성을 다해 그를 도왔어요.

멀리 생각하기와 근심

공자께서 말씀하시기를,
사람은 멀리 생각하지 않으면
반드시 가까운 근심이 생기느니라.

子曰,
人無遠慮 必有近憂.

자신에게 엄중하기

공자께서 말씀하시기를,
자기 자신 꾸짖기를 엄중하게 하고
남을 꾸짖기를 가볍게 하면,
원망이 멀어지느니라.

子曰,
躬自厚 而薄責於人, 則遠怨矣.

군자의 내용

공자께서 말씀하시기를,

군자는 의로써 바탕을 삼고, 예로써 행동하고,

공손한 태도로써 나타내고,

믿음과 의리로써 이루어야만 진실로 군자이니라.

子曰,
(자왈)

君子 義以爲質, 禮以行之,
(군자) (의이위질) (예이행지)

孫以出之, 信以成之 君子哉.
(손이출지) (신이성지) (군자재)

군자가 걱정하는 것

공자께서 말씀하시기를,

군자는 자기의 재능이 없음을 걱정하지만,

남이 자기를 알아주지 않음을 걱정하지 않느니라.

子曰,

君子 病無能焉,

不病人之不己知也.

자신에게서 문제를 찾는 사람

공자께서 말씀하시기를,
군자는 일의 원인을 자기에게서 찾고, 소인은 남에게서 찾는다.

子曰,
子(자) 曰(왈),
君子求諸己, 小人求諸人.
君(군)子(자)求(구)諸(저)己(기), 小(소)人(인)求(구)諸(저)人(인).

 ### 진짜 군자가 된 인상여

기원전 283년, 인상여는 조나라를 침략해 온 진나라 왕을 설득해 나라를 위기에서 구해냈어요. 이에 조나라의 혜왕이 크게 기뻐하며 인상여에게 노장군 염파보다 훨씬 높은 벼슬인 상경의 자리를 내렸어요.

그러자 이 일에 불만을 품은 염파가 퉁명스럽게 말했어요.

"내가 오랫동안 조나라의 장군 자리에 있으면서 수많은 공을 세웠다. 그런데 인상여라는 자는 고작 몇 마디 말을 한 것 가지고 상경의 자리에 오르다니. 이게 말이 되는가? 내 언젠가 인상여와 마주치면 고개도 못 들게 해 줄 것이야."

이 말을 전해 들은 인상여는 화도 내지 않고 오히려 염파와 마주치지 않으려 했어요. 게다가 몸이 아프다는 핑계를 대며 매일 아침마다 열리는 회의에도 참석하지 않았어요.

어느 날, 인상여가 가마를 타고 길을 가고 있었어요. 그런데 맞은편에서 염파 일행이 다가오는 것이었어요. 인상여는 황급히 몸을 움츠려 길을 비켜 주었어요. 그러자 인상여를 모시던 사람들이 말했어요.

"염파 장군만 보면 꼬리를 내리니 약해 빠졌군. 더 이상 나약한 사람 밑에서 일하기 싫다."

그러자 인상여가 말했어요.

"이보게들, 자네들은 하나만 알고 둘은 모르는군. 진나라 왕 앞에서도 큰소리를 치던 내가 염파 장군을 무서워할 리가 있겠나? 허나 진나라가 우리 조나라를 감히 넘보지 못하는 건 바로 나와 염파 장군이 있기 때문이라네. 나와 염파 장군이 조나라를 지키는 호랑이처럼 버티고 있으니 함부로 침략할 생각을 못하는 것이지. 그런 우리 두 사람이 서로 으르렁대고 싸운다면 누가 좋겠나? 바로 진나라만 좋을 게 뻔하지 않겠나? 내가 염파 장군과 부딪치려 하지 않는 것은 다 나라를 생각하기 때문일세. 나랏일을 논하는데 개인적인 감정은 나중으로 미뤄 두는 것이 당연하다네."

인상여의 말은 염파의 귀에도 들어갔어요. 인상여의 말을 듣고 부끄러움을 느낀 염파는 웃옷을 벗고 회초리를 쥔 채 인상여의 집을 찾아갔어요. 염파는 인상여의 앞에서 고개를 숙이며 그동안의 잘못을 빌었어요.

"내가 멀리 내다보지도 못한 채 어리석은 짓을 저질렀소. 그대의 넓은 뜻을 헤아리지 못한 나를 용서하시오."

그 뒤로 두 사람은 둘도 없는 친구가 되어 깊은 우정을 나누면서 나라를 위해 온 힘을 기울였어요.

덕과 계획을 어지럽히는 것

공자께서 말씀하시기를,

교묘하게 꾸며 대는 말은 덕을 어지럽히고,

작은 일을 참지 않으면 큰 계획을 어지럽히느니라.

子曰,

巧言亂德, 小不忍則亂大謀.

 작은 일을 참지 못하면 큰일을 망치게 된다

어느 날, 공자가 제자들을 이끌고 노자를 찾아갔어요. 가르침을 부탁하기 위해서였지요. 노자는 마침 눈을 감고 정신 수양을 하고 있었어요. 공자는 예의를 갖춰 공손하게 인사를 올린 후, 한쪽에 서서 기다렸어요. 잠시 후, 노자가 인기척을 느끼고 눈을 뜨자 공자가 재빨리 인사를 올리며 말했어요.

"소인, 특별히 가르침을 받기 위해 찾아왔습니다."

하지만 공자의 말에도 노자는 한참 동안 묵묵히 공자의 얼굴

위령공

을 쳐다보기만 했어요. 그러더니 갑자기 입을 쩍 벌리고 공자를 향해 혀를 쭉 내미는 것이었어요. 그러고는 다시 눈을 감고 정신 수양을 계속했어요. 그 모습을 본 공자는 감사 인사를 올리고는 제자들을 이끌고 노자의 집을 나섰어요.

이 모습을 지켜본 제자들은 어이없어 했어요.

"아니, 스승님. 어찌 직접 집을 방문한 손님에게 그렇게 무례한 짓을 할 수 있단 말입니까?"

제자들이 투덜거리자 공자가 말했어요.

"이미 노자께서는 우리에게 가르침을 주셨다."

"입을 벌리고 혀를 내미는 것의 어디에 가르침이 있다는 것입니까?"

"들어 보거라. 노자께서는 이빨은 강하고 단단하지만 쉽게 부러지는 반면, 혀는 부드럽고 연약한 듯하지만 강하다고 말해 주었느니라. 예를 들어 이는 세월이 흐르면 모조리 빠질 수도 있지만 혀는 멀쩡하게 그대로이지 않느냐? 노자께선 강한 것과 약한 것의 관계를 우리에게 설명해 주셨다."

그제야 노자의 행동이 의미한 바를 이해한 공자의 제자들은 고개를 끄덕였어요.

이렇게 공자는 혀와 이빨에서 강과 약의 관계를 깨닫고 나아가 '작은 일을 참지 못하면 큰일을 망치게 된다'는 주장을 실천으로 옮겼어요.

공자는 평생에 걸쳐 여러 나라들을 돌아다니며 자신의 생각을 전파했어요. 그러는 중에 참기 힘든 굶주림이 계속되기도 했고, 비바람을 맞으며 다닐 수밖에 없는 상황이 오기도 했어요. 게다가 여러 사람들의 비난을 받기도 하고 때론 욕을 얻어들으며 매를 맞기까지 했어요. 하지만 그러한 작은 일을 참아 내고 꿋꿋하게 나라를 위해 자신의 주장을 펼친 공자는 훗날 중국의 2천 년 문명을 밝히는 등불로 우뚝 섰어요.

도가의 창시자, 노자 (? ~ ?) 중국 고대의 철학자로 도가의 창시자에요. 춘추 시대 말기 주나라에서 관리로 있었으나 주나라가 점점 망해 가자 한탄하며 서쪽으로 떠났어요. 그때 관문지기의 요청으로 두 편의 책을 써 주었는데 이것이 바로 『노자』로 『도덕경』이라고도 하는데 도가 사상의 뿌리로 일컬어져요. 공자가 젊었을 때 노자를 찾아가 예에 대한 가르침을 받았다고도 해요.

반드시 살펴보는 것

공자께서 말씀하시기를,

여러 사람이 미워할지라도 반드시 살펴보아야 하며,

여러 사람이 좋아할지라도 반드시 살펴보아야 하느니라.

子曰,
衆惡之 必察焉, 衆好之 必察焉.

고치는 것

 공자께서 말씀하시기를,

잘못을 저지르고도 고치지 않으면 그것이 곧 잘못이니라.

　　子曰,
　　過而不改 是謂過矣.

유익한 벗 셋과 해로운 벗 셋

공자께서 말씀하시기를,

유익한 벗이 셋 있고, 해로운 벗이 셋 있느니라.

정직한 사람을 벗으로 사귀고,

신의가 있는 사람을 벗으로 사귀고,

박학다식한 사람을 벗으로 사귀면 유익하니라.

아첨하는 사람을 벗으로 사귀고,

굽신거리기 잘하는 사람을 벗으로 사귀고,

말을 잘 둘러대는 사람을 벗으로 사귀면 해로우니라.

孔子曰,

益者三友, 損者三友.

友直, 友諒, 友多聞 益矣.

友便辟, 友善柔, 友便佞 損矣.

맹모삼천지교

맹자는 어릴 적에 아버지를 여의고 홀어머니 밑에서 자랐어요. 맹자의 어머니는 홀로 아들을 키우기 위해 삯바느질을 하며 어려운 살림을 꾸려 나갔어요. 하지만 아무리 살림이 어렵다고 해도 맹자의 어머니는 아들의 교육을 위해 최선을 다했어요.

맹자가 어릴 때 살던 곳은 묘지 근처로 맹자는 밤낮으로 장례 지내는 모습을 보며 자랐어요. 어느 날, 맹자의 어머니는 맹자가 노는 모습을 우연히 보게 되었어요. 그런데 맹자가 흙으로 무덤을 만들고 그 앞에 곡하는 모습을 흉내 내는 게 아니겠어요? 흉내 내는 그 울음소리가 어찌나 구슬프던지 주변에 지나가는 사람들이 깜빡 속을 정도였지요.

맹자의 어머니는 그제야 주변 환경이 교육에 영향을 미치는 것을 깨달았어요.

"여기는 교육에 좋지 않은 곳이로구나."

서둘러 맹자의 어머니는 어린 맹자를 데리고 성안으로 이사를 갔어요.

새로 이사한 곳에서 얼마 떨어지지 않은 곳에 큰 시장이 있었어요. 맹자는 자연스럽게 매일매일 물건을 사고파는 상인들의 모습을 보게 되었어요. 그리고 얼마 지나지 않아 맹자는 친구들과 함께 상인들의 흉내를 내며 놀았어요.

아들의 모습을 본 맹자의 어머니는 어떻게 하면 좋을까, 밤낮으로 걱정을 했어요.

"여기도 좋은 곳이 아니로구나. 안 되겠다. 다시 자리를 옮겨야겠다."

맹자의 어머니는 한탄을 하다가 또다시 짐을 꾸려 맹자를 데리고 이사를 갔어요.

세 번째로 살게 된 곳은 서당 주변이었어요. 집 주변에는 서당 외에 아무 것도 없어서 글 읽는 소리 외에는 들리는 것이 없었어요. 얼마 지나지 않아 맹자는 글을 읽는 것에 흥미를 가지기 시작했어요.

맹자의 어머니는 안도의 한숨을 쉬며 말했어요.

"그래, 이제야 살 곳을 찾았구나."

맹자는 이제 더 이상 이사를 가지 않아도 되었어요.

맹모삼천지교 맹자가 위대한 사상가로서 큰 업적을 남길 수 있었던 것은 어머니의 훌륭한 가르침이 있었기 때문이에요. 맹자의 어머니는 가난한 살림에도 아들의 교육을 위해 무덤가에서 장터로, 장터에서 서당으로 무려 세 번이나 이사를 하는 정성을 보였지요. 그래서 '맹모삼천지교'란 오늘날 자녀 교육에서 환경의 중요성을 강조할 때 쓰여요.

세 가지 과실

공자께서 말씀하시기를,

군자를 모실 때의 세 가지 허물이 있다.

말할 차례가 되기도 전에 먼저 말을 꺼내는 것은 조급함이요,

말할 차례가 되었는데도 말하지 않음은 속마음을 숨김이요,

안색을 살피지 않고 말함은 눈치가 없는 것이니라.

孔子曰,

侍於君子有三愆.

言未及之而言 謂之躁,

言及之而不言 謂之隱,

未見顔色而言 謂之瞽.

최고의 사람과 최하의 사람

공자께서 말씀하시기를,

태어나면서 아는 사람은 제일 위요,

배워서 아는 사람은 그 다음이요,

괴로움을 참아 가면서도 애써 배우는 사람은 또 그 다음이니라.

그러나 애써 배우지도 아니한다면,

이는 곧 최하의 사람이니라.

孔子曰,

生而知之者 上也,

學而知之者 次也,

困而學之 又其次也.

困而不學, 民斯爲下矣.

아홉 가지 생각할 일

공자께서 말씀하시기를,

군자에게는 아홉 가지 생각하는 일이 있느니라.

보는 데는 명백히 보기를 생각하고, 듣는 데는 총명하게 듣기를 생각하고, 얼굴빛은 부드럽게 하기를 생각하고, 몸가짐은 공손하게 하기를 생각하고, 말은 성실하게 하기를 생각하고, 일에는 조심하기를 생각하고, 의심나는 것에는 묻기를 생각하고, 화가 날 적에는 어려움을 당할 것을 생각하고, 이득을 보면 의로운가를 생각하느니라.

孔子曰,

君子有九思.

視思明, 聽思聰, 色思溫,

貌思恭, 言思忠, 事思敬,

疑思問, 忿思難, 見得思義.

닭 잡는 데 쓰는 칼과 소 잡는 데 쓰는 칼

공자께서 무성(노나라의 작은 고을)에 가셨을 때,
악기 소리에 맞추어 노래하는 소리를 들으셨다.
자유가 그 고을을 다스리면서
공자에게서 받은 예법과 음악을 백성들에게 가르치며
백성들이 바른 길로 가게끔 인도하고 있었던 것이다.
공자께서는 흐뭇하게 웃으시며 말씀하시기를,
"닭을 잡는 데 어찌 소 잡는 칼을 쓰느냐?"
이는 "이같이 작은 고을을 다스리는 데
거창한 예법과 음악이 필요하느냐?"란 뜻이었다.
그러자 자유가 대답하기를
"이전에 선생님께서 '군자가 도를 배우면 사람을 사랑하고
소인이 도를 배우면 부리기 쉬우니라'하고 하셨습니다."
즉, 자유가 도로써 백성들을 다스리고 있음을 뜻하는 것이었다.
공자께서 제자들에게 말씀하시기를
"얘들아, 자유의 말이 옳다. 아까한 말은 농담이니라."

子之武城 聞弦歌之聲.
夫子莞爾而笑曰,
"割鷄 焉用牛刀?"
子游對曰
"昔者 偃也聞諸夫子曰
'君子學道則愛人
小人 學道則易使也'"
子曰
"二三者 偃之言是也.
前言戲之耳."

견문발검 '모기를 보고 칼을 빼다'는 뜻으로 보잘것없고 사소한 일에 어울리지 않게 크게 성내어 덤비는 모습을 비유한 말이에요. 이것은 공자가 했던 말인 '할계언용우도'와 비슷한 의미로 '닭을 잡는 작은 일에 소를 잡는 커다란 칼을 꺼낼 필요가 없다'는 뜻을 담고 있어요.

벽을 뚫고 담을 넘는 것

공자께서 말씀하시기를,

얼굴빛은 위엄이 있으면서 속이 어리고 약한 사람을

소인에게 비유한다면

마치 벽을 뚫고 담을 넘는 좀도둑과 같으리라.

子曰,

色厲而內荏 譬諸小人

其猶穿窬之盜也與.

덕의 도둑

공자께서 말씀하시기를,
마을 사람들에게 덕이 있는 사람이라고 칭송을 받으나
실제는 그렇지 못한 사람은 덕의 도둑이니라.

子曰,
鄕原德之賊也.

천하의 도

혼란한 세상을 피해 숨어 살던 장저와 걸익이 밭을 갈고 있는데
공자께서 지나가시다 자로를 시켜
나루터가 어디 있는지 묻게 하셨다.
장저가 말하기를
"저 수레에 앉아 고삐를 잡고 있는 사람이 누구요?"
자로가 말하기를,
"공자라는 분입니다."
"그러면 노나라의 공자인가?"
"그렇습니다."
"그렇다면 그는 나루터쯤은 알고 있을 텐데."
이는 "공자 정도로 공부를 많이 한 자가
자신이 갈 길 정도도 모르는가?"라며 공자를 비꼬는 말이었다.
걸익이 자로에게 물어 말하기를,
"당신은 누구요?"
"중유(자로)라고 합니다."
"노나라 공자의 제자인가?"
"그렇습니다."

"흙탕물이 넘쳐흘러 세상이 다 얼룩졌으니

이를 누구의 힘으로 바꾸겠소?

차라리 당신은 사람을 피하는 선비를 따르기보다는

우리같이 세상을 피하여 사는 선비를 따르는 것이 어떻겠소?"

그러고는 고무래(농사 기구)로 땅을 가는 것을 멈추지 않았다.

자로가 이 일을 말씀드리자 공자께서 실망하여 말씀하시기를,

"사람은 짐승과는 함께 떼 지어 살 수 없으니,

세상이 아무리 혼란해도 사람들과 함께 살지 않으면

누구와 함께 산단 말인가?

세상에 인간이 인간답게 살아갈 만한 도가 있다면

내가 애써 세상을 바꾸려고 하지도 않았을 것이니라."

長沮桀溺耦而耕,

孔子過之 使子路問津焉.

長沮曰 "夫執輿者爲誰?"

子路曰 "爲孔丘."

曰 "是魯孔丘與?"

曰 "是也."

曰 "是知津矣."

問於桀溺 桀溺曰 "子爲誰?"

曰 "爲仲由."

曰 "是魯孔丘之徒與?"

對曰 "然."

曰 "滔滔者 天下皆是也

而誰以易之?

且而與其從辟人之士也

豈若從辟世之士哉?" 耰而不輟.

子路行以告 夫子憮然曰

"鳥獸 不可與同群

吾非斯人之徒與 而誰與?

天下有道 丘不與易也."

기대하는 정도

주공이 노공에게 말하기를,

군자는 자기의 친척을 버리지 아니하며,

대신들로 하여금 원망하지 않게 하며,

오랫동안 일해 온 사람은 큰 사고가 없으면 버리지 아니하며,

한 사람이 모든 재능을 갖고 있기를 바라지 말아야 하느니라.

주공위노공왈,
周公謂魯公曰,
군자불이기친,
君子不施其親,
불사대신원호불이,
不使大臣怨乎不以,
고구무대고즉불기야,
故舊無大故則不棄也,
무구비어일인.
無求備於一人.

 아버지의 조언

주공은 주나라 문왕의 아들이자 무왕의 동생이었어요. 주공은 기원전 1122년에 형인 무왕을 도와서 은나라를 멸망시켰고 무왕이 죽은 뒤에는 어린 조카였던 성왕을 도와 주나라의 왕실을 튼튼히 다져 놓았던 인물이었어요.

무왕은 이런 주공의 공을 칭찬하며 이에 보답하기 위해 그를 노나라의 왕으로 임명했어요. 즉, 주공은 노나라의 시조이기도 한 것이에요. 하지만 주공은 노나라에 가지 않고 계속해서 무왕과 성왕을 도왔고 대신 아들 백금을 보내 노나라를 다스리게 했어요. 주공은 노나라로 떠나는 아들에게 다음과 같은 네 가지 조언을 했어요.

"가까운 친척을 버리지 말라, 신하들이 자신의 의견이 받아들여지지 않는 일로 원망하는 일이 없도록 하라, 오래 일한 신하는 반역같이 큰 잘못을 하지 않는 한 버리지 말라, 한 사람에게 모든 재능이 있을 거라고 기대하지 말라."

이 가르침을 받아 주공의 아들은 노나라를 잘 다스렸고 훗날 노나라는 춘추 시대의 여러 나라 중에서 가장 문화가 잘 발달된 나라가 되었어요.

선비의 생각

자장이 말하기를,

선비가 위태함을 보면 목숨을 내놓고,

이득을 보면 의를 생각하고,

제사에는 공경하는 마음을 갖고,

상을 당했을 때에는 슬픔을 생각한다면,

선비로서 기본적인 자격을 갖춘 것이니라.

子張曰,

士見危致命,

見得思義, 祭思敬,

喪思哀, 其可已矣.

배우기를 좋아하는 것

자하가 말하기를,

날로 모르던 것을 알아 가고,

달로 할 수 있는 것을 잊지 않는다면

배우기를 좋아한다고 말할 수 있느니라.

子夏曰,

日知其所亡,

月無忘其所能 可謂好學也已矣.

간절하면 찾을 수 있는 인

자하가 말하기를,

배움을 넓게 하고 뜻을 두텁게 하며,

간절히 묻고 가까이 생각하면 인이 그 가운데 있느니라.

子夏曰,
자 하 왈

博學而篤志,
박 학 이 독 지

切問而近思 仁在其中矣.
절 문 이 근 사 인 재 기 중 의

맹자의 성선설 성선설이란 사람의 타고난 본성이 착하다고 보는 사상으로 맹자가 주장한 사상이에요. 성선설은 네 가지 마음씨 즉, '사단'을 기본 바탕으로 삼고 있지요. 첫째, 남의 불행을 불쌍히 여기는 '측은지심', 둘째, 옳지 못함을 부끄러워하는 '수오지심', 셋째, 겸손하게 양보하는 '사양지심', 마지막으로 옳고 그름을 가릴 줄 아는 '시비지심'이 바로 그것이에요.

일을 이루는 방식

자하가 말하기를,

모든 기술자들은 작업장에서 자신의 일을 이루어 내고,

군자는 학문으로써 그 도를 달성하느니라.

子夏曰,

百工居肆 以成其事,

君子學以致其道.

변명하기

자하가 말하기를,

소인은 과실(잘못)을 저지르면 반드시 변명한다.

子夏曰,
_자 _하 _왈

小人之過也 必文.
_소 _인 _지 _과 _야 _필 _문

하늘의 뜻을 아는 것

공자께서 말씀하시기를,
하늘의 뜻을 알지 못하면 군자가 될 수 없고,
예를 알지 못하면 남 앞에 설 수 없으며,
상대방의 말을 듣고 알지 못하면
남의 진면목(실체)을 알 수가 없느니라.

子曰,
不知命 無以爲君子也,
不知禮 無以立也,
不知言 無以知人也.

백만 엄마들의 가슴을 뛰게 만든 바로 그 책,
〈공부가 되는〉 시리즈

- 재미와 호기심을 충족시키며 교과 연계 학습까지 되는 **기초 교양 학습서**
- 연이은 백만 엄마들의 뜨거운 호평, **출간 즉시 베스트셀러 도서**
- 통섭과 융합형 교과서로 **하버드 대학 교수가 추천한 도서**

공부가 되는 세계 명화
글공작소 글 | 18,000원

공부가 되는 한국 명화
글공작소 글 | 18,000원

공부가 되는 식물도감
글공작소 엮음 | 37,000원

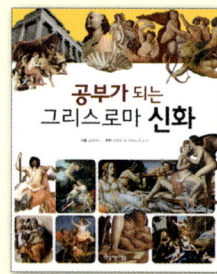

공부가 되는 그리스로마 신화
글공작소 글 | 12,000원

공부가 되는 별자리 이야기
글공작소 글 | 12,000원

공부가 되는 공룡 백과
글공작소 글 | 장은경 그림 | 13,000원

공부가 되는 탈무드 이야기
글공작소 엮음 | 12,000원

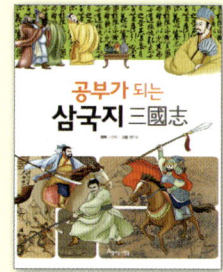

공부가 되는 삼국지
나관중 원작 | 장은경 그림 | 12,000원

공부가 되는 유럽 이야기
글공작소 글 | 14,000원

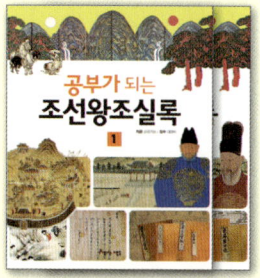

공부가 되는 조선왕조실록 1,2 (전2권)
글공작소 글 | 김정미 감수 | 각 13,000원

공부가 되는 저절로 영단어
다니엘 리 글 | 14,000원

공부가 되는 우리문화유산
글공작소 글 | 14,000원

아름다운사람들

공부가 되는 저절로 고사성어
글공작소 글 | 15,000원

공부가 되는 한국대표고전 1, 2 (전2권)
글공작소 글 | 각 13,000원

공부가 되는 셰익스피어 4대 비극·5대 희극(전2권)
윌리엄 셰익스피어 원작 | 글공작소 엮음 | 각 14,000원

공부가 되는 논어 이야기
공자 지음 | 글공작소 엮음 | 14,000원

공부가 되는 경제 이야기 1,2(전2권)
글공작소 글 | 각 13,000원

공부가 되는 한국대표단편 1, 2, 3(전3권)
박완서 외 지음 | 글공작소 엮음 | 각 13,000원

공부가 되는 로빈슨 과학 탈출기
대니얼 디포 원작 | 글공작소 엮음 | 13,000원

공부가 되는 과학백과 우주 지구 인체(전3권)
글공작소 글 | 각 13,000원

공부가 되는 일등 멘토의 명연설
글공작소 엮음 | 13,000원

공부가 되는 가치 사전
글공작소 엮음 | 13,000원

공부가 되는 안네의 일기
안네 프랑크 원작 | 글공작소 엮음 | 13,000원

공부가 되는 톨스토이 단편선
레프 톨스토이 원작 | 글공작소 엮음 | 13,000원

공부가 되는 긍정 명언
글공작소 엮음 | 14,000원

공부가 되는 이솝 우화
이솝 원작 | 글공작소 엮음 | 13,000원

공부가 되는 창의력 백과
글공작소 글 | 14,000원

공부가 되는 재미있는 어휘사전
글공작소 글 | 14,000원